4·19와 5·16

-연속된 근대화 혁명-

4·19와 5·16

-연속된 근대화 혁명-

김 광 동

기파랑

차례

제 1 장

근·현대
한국 정치의
연속성

민주공화제에 기반한 근대 산업화

근대 산업화의 계기, 4·19와 5·16

1948. 8. 15. 대한민국 정부 수립 기념식

[1] 민주공화제에 기반한
근대 산업화

대한민국에서 펼쳐졌던 1960년의 4·19 대중 시위와 1961년의 5·16 군사 쿠데타에 의한 정치권력의 교체는 지금도 세계 곳곳에서 반복되고 있다. 대중 시위와 쿠데타에 의한 권력 교체는 사건의 형식만 보면 한국의 4·19 및 5·16과 전혀 차이가 없다.

2017년에도 터키에서는 에르도안 독재 정권에 대항했던 쿠데타 실패 사건도 있었고, 아프리카 짐바브웨에서의 군사 쿠데타는 37년 계속된 무가베 정권을 축출하기도 했다. 또 필리핀에서는 코라손 아키노가 주도했던 민주 혁명(1986)에도 불구하고 민주주의는 없었다. 대중 시위에 의한 권력 교체가 연이어 발생했던 2011년 이집트, 튀니지, 알제리 등의 '아랍의 봄(Arab Spring)' 이후에도 중동 지역에 민주주의가 진전되고 있다는 평가는 없다.

태국에서는 대중 시위에 의한 정부 교체를 경험하기도 했지만,

현재는 첫 여성 총리였던 잉락 정부를 붕괴시킨 19번째 쿠데타 (2014)로 군부 통치가 진행되고 있다.

그곳이 필리핀과 태국이든, 혹은 터키와 이집트였든, 대중 시위와 군사 쿠데타를 막론하고 정치 변동을 계기로 번영 체제의 정착과 민주 발전의 길로 가게 되었다는 예를 찾기는 극히 어렵다.

그것은 일상적으로 반복되는 정치 변동에 불과했다. 대중 불만이든, 권력 투쟁이든 그것은 또 다른 권력으로의 대체에 머물렀을 뿐이다. 그것이 대중 시위 혹은 '민중 혁명'이거나 '오렌지 혁명'이든 그것은 혁명이란 수식어와 달리 민주주의와 경제발전은 물론이고, 법치적 질서유지조차 지켜내지 못했다.

어느 나라에서나 구(舊) 체제가 붕괴되고 기존 권력이 교체될 때마다 다른 길을 갈 것으로 기대되었지만, 실제 괄목할만한 역사적 변화는 오직 대한민국(大韓民國)에서만 나타났다.

대중 시위와 군사 쿠데타에 의한 대한민국의 4·19와 5·16이 만든 예외적 성공(exceptional success) 외에 다른 성공의 예를 찾기 어렵다. 중국(中國)은 여전히 공산당 일당 독재로 자유선거조차 아직 시행해본 역사가 없다. 경제적으로 성장했다는 중국에서 인민에게 참정권이 주어지고, 정당과 지도자를 선택할 자유와 종교 및 언론의 자유는 여전히 요원하다.

아시아 민주주의의 유일한 예외처럼 평가받아온 인도(印度)는 민주주의는커녕 여전히 인구의 대부분이 봉건적 신분제, 기아와 빈곤에 시달리고 있다. 전통 계급구조에 따른 카스트(Cast) 제도가 온존하고 그에 따라 태어나면서 배정된 직업은 평생의 삶을 옥죄고 있다. 빨래만 하거나 청소하고 시체 치우는 일만 하는 계층과 같은 계급제 사회는 깨지지 않고 있다.

그렇다면 대한민국의 4·19와 5·16은 왜 다른 개발도상국이나 신생 독립국들과 다른 결과를 낳았는가? 도대체 무엇이 달랐던 것인가에 대한 분석과 역사적 평가가 요구되어야 한다.

특히 대한민국은 사회주의 혹은 공산주의의 길로 갔던 또 다른 50여개의 국가와 비교한다면 더더욱 예외적인 국가일 수밖에 없다.

마찬가지로 전 세계에 공산주의 제국(帝國)을 만든 구(舊)소련 러시아가 1991년 드디어 붕괴된 다음 고르바초프와 옐친 대통령이 이끄는 정부가 탄생하면서, 러시아도 이제는 확고한 민주주의와 시장 경제적 번영 국가로 갈 것으로 기대했지만 결코 그렇지 않았다.

공산주의 지배가 해체된 지 30년이 다 된 오늘에도 러시아는 물론 벨라루스, 루마니아, 우크라이나, 세르비아 등 동유럽 대부분 국가에서 경제성장과 민주주의는 더디기만 하다.

오히려 러시아에는 푸틴(Putin) 대통령을 정점으로 한 지배 체제가 경쟁자를 철저히 배제하고 국영기업 장악과 언론 지배를 기반으로 철권통치 24년을 향한 독재의 길로 달려가고 있을 뿐이다. 마찬가지로 1978년 덩샤오핑(鄧小平)의 개혁개방 정책 이후, 1986년 베트남의 도이모이 정책 이후 모두 30년 이상 계속 되어온 급속한 경제성장에도 불구하고, 중국과 베트남의 공산당 독재는 깨지지 않고 민주주의도 진전되지 않고 있다. 물론 북한은 거론할 대상조차 되지 않는다.

결국 경제적 번영과 성숙한 민주주의를 만든 나라들은 16세기 이후 근대화와 산업화를 일구어온 영국, 네덜란드 등 몇몇 서유럽 국가와 서구 문명과 제도가 이전된 미국, 캐나다, 호주 등과 같은 극소수였다.

경제 번영과 민주주의는 적어도 몇 백 년의 역사를 필요로 하는 것인지도 모른다. 적어도 16, 17세기부터 산업화와 민주주의를 시작하지 않았다면 그것을 기대하는 것은 사치일지도 모른다.

그러나 명백한 예외는 한반도에서 한민족이 만든 대한민국이다. 2018년, 불과 건국 70년을 맞은 대한민국은 미국, 일본, 독일, 영국, 프랑스, 이탈리아와 함께 인구 5천만 이상 국가로 국민 일인당 3만 달러가 넘는 소득을 갖는 7개국 가운데 하나이다.

'한강(漢江)의 기적(miracle)'으로 상징되어온 한국은 제2차 세계대전 이후의 세계사에서 가장 대표적인 성공 국가 모델을 만든 나라라는 사실에 이견(異見)이 없다. 17세기 이후 산업혁명을 포함하여 영국과 미국, 혹은 독일과 일본 등 근대화의 길을 선도적으로 개척한 몇몇 나라를 제외한다면 한국은 세계 근·현대사에 성공적 번영 국가의 반열로 올라선 상징적 국가이다. 유엔(UN), 세계은행

(WB) 및 세계통화기금(IMF)이 발표하는 보고서와 통계는 하나같이 한국을 가장 대표적인 성공 국가로 평가하고 있다.[1]

국가의 성공 사례 혹은 제도 도입 및 운용 등과 관련한 대부분의 분석과 연구는 대한민국을 모델로 하거나, 다른 실패 국가와 비교의 잣대로 삼아 설명되고 있다. 성공 국가의 모델이 된 대한민국 70년 현대 정치사를 평가하기 위해서는 크게 세 가지 역사적 사건을 중심으로 볼 수밖에 없다.

첫째는 1945~48년 진행된 한국의 광복과 민주공화제에 입각한 건국(建國)이다. 둘째는 1960년의 4·19와 1961년의 5·16이며, 마지막으로는 1987년을 기점으로 진행된 제6공화국 출범과 경제번영에 기반한 민주주의의 성숙이었다고 할 수 있다.

물론 그 시작이 된 8·15 건국은 한반도에서 민족 사상 처음으로 대한민국이라는 국호(國號)와 태극기(太極旗)를 상징으로 시작된 자유민주 체제에 입각한 근대 민주공화제의 출범으로, 몇 백 년 간 전개된 민족사와는 근본적으로 성격을 달리했던 혁명적 사건이었다.

이승만(李承晩) 정부(1948~60) 12년은 자유민주적 기본 질서를 근간으로 하는 근대 국가를 만들고 정착시키는데 기여했다. 그 12

---

1 UNDP, Human Development Report 1998, Oxford University Press, 1998; 통계청, 『통계로 보는 한국의 모습』, 2000; D. Acemoglu and J. Robinson, Why Nations Fail, 2012; Ruchir Sharma, Breakout Nations, The Wylie Agency, 2012.

년을 딛고 한국은 다시 4·19와 5·16을 거쳐 또 다른 비약의 길로 들어설 수 있었고, 근대 산업화를 기반으로 산업경제의 고도화와 정치 사회의 성숙까지 이뤄낼 수 있었다. 그런 면에서 1945~48년간 전개된 광복과 건국 체제의 연속선에서 4·19와 5·16의 역사적 성격과 상호 관계를 규명하는 것은 현대 한국 정치를 이해하는 본질이다.

무엇보다, 한국 사회에는 정치적 입장에 따라 4·19를 의거(義擧)로 볼 것인가, 아니면 혁명(革命)으로 보아야 하는 것인가부터 정치적 논란이 뇌어 왔다. 마찬가지로 4·19의 역사적 의의가 부각되어야 하는지, 5·16의 역사적 의미가 더 부각되어야 하는지의 문제도 정치적 의도에 따라 편의적으로 평가되어 오기도 했다.

이런 현상은 한국 근·현대 정치사에 대한 사회적 합의 수준이 매우 낮다는 것을 보여주고, 4·19와 5·16에 대한 평가와 상호 관계를 제로섬(zero-sum)적 평가 대상인 것처럼 만들어왔다.

특히 혁명이란 표현은 긍정적 의미와 부정적 의미를 함께 갖는 것임에도 불구하고 4·19에 대한 표현을 의거 혹은 학생 의거이라 부르면 비난받으며 반드시 혁명으로 부르라고 강요되기도 한다. 5·16도 쿠데타, 군사정변 혹은 혁명 등으로 그때그때 바꿔 불리기도 한다. 또 4·19와 5·16은 상호 대립적인 것인지 계승적인 것인지에 대한 분석은 없이, 정치적 목적에 따른 논쟁 수단과 서로 상충적 관계인 것으로만 표현되기도 한다.

사건의 본질에 대한 분석과 역사적 성격에 대한 규명과 상관없이 학생의거 혹은 쿠데타라고 표현하는 것은 의도적으로 비하(卑下)하는 것이기도 하다. 또 혁명이란 표현에 집착하고자하는 것은 '혁명'은 긍정적인 것이라는 전제를 미리 설정해놓고 사건의 성격과 상관없이 특정 역사를 왜곡하거나 과장하려는 경향도 강하다. 그러나 혁명이란 기존 체제와 다른 급격한 변화를 의미하는 가치 중립적 표현이다. 긍정적인 것도 있고 부정적인 것도 있다.

　러시아혁명(1917)과 중국 공산혁명(1949) 및 쿠바혁명(1959) 등은 완벽히 실패한 혁명이고, 심지어 프랑스혁명(1789)도 긍정적으로 평가받지 못한다. 그럼에도 4·19든, 5·16이든 두 개의 정치 변동은 모두 '혁명'으로 불리고 싶어 한다는 공통점을 가진 것으로 보인다. 4·19를 혁명으로 표현하지 않으면 비난이 쇄도하고, 5·16에 대해선 쿠데타 대신 혁명이라 표현하면 역사 인식에 문제가 있는 것처럼 여겨지는 경우도 허다하다.

　그만큼 한국 사회는 거의 60년이 지났음에도 여전히 과거의 역사적 사건에 대한 국민적 합의 수준이 매우 낮다. 엄밀한 의미의 국민 형성(Nation Building)은 아직도 한국 사회에서 진행 중에 있다는 것을 보여준다. 더구나 국토의 절반 이상인 한반도 북부에 온존해 있는 공산 전체주의체제가 해체되는 상황이 도래할 때까지는 한국사회 내에서조차 합의된 역사적 평가를 공유하는 국민 형성 과정은 결코 종결되지 않을 것이다.

굳이 4·19를 혁명 혹은 민주혁명이라는 '긍정적 의미'로 평가한다 하더라도, 그에 따른 혁명적 변화의 내용과 혁명 결과로 나타난 급격한 체제변화의 본질이 설명될 수 있어야 한다. 그러나 4·19가 역사적으로 의미가 있는 긍정적 변화의 계기였다고 해도, 무엇이 급진적으로 바뀌었다는 것이냐에 대한 역사적 설명이 요구될 때는 그것을 설명하기에 매우 어렵다는 것을 알게 된다.

긍정적이든 부정적이든, 또 그것이 프랑스혁명이든 러시아혁명이든, 혁명 이후에 펼쳐진 급격한 변화는 설명할 수 있지만 4·19만으로는 설명하기 어렵기 때문이다. 그런 결과로 4·19를 혁명이라고 강조하여 설명한다하더라도 혁명에 따른 체제변화를 설명하기는 쉽지 않다. 그런 결과로 4·19에 대해 '미완(未完)의 혁명'이니, 혹은 '좌절(挫折)된 혁명'이니 하는 표현을 사용하게 된 것도 혁명 이후 급격한 변화를 가져오지는 못했다는 것을 설명하는 방식이기도 하다. 결론적으로는 4·19가 미완이든 좌절이든, 그것이 혁명적 변화를 가져 오는데 성공하지 못했다는 평가인 것만은 틀림없다.

5·16은 혁명인가, 쿠데타인가의 문제도 마찬가지이다. 4·19 혁명 한 해 뒤인 1961년 5월 16일의 5·16은 무장된 군사력을 동원하여 합법적으로 만들어진 헌정 질서를 중단시킨 군사 쿠데타로 시작되었다. 분명 5·16은 군사 쿠데타로 전개된 것이었지만, 쿠데타 전개 이후 18년에 걸친 박정희(朴正熙) 정부의 통치 역사는 혁명적 변화를 가져오게 된 역사적 계기였다는 것을 누구도 부정할

수 없다.

4·19를 혁명으로 보고, 5·16을 쿠데타로 본다하더라도 4·19 혁명으로 만들어진 정부는 1년도 가지 못했다. 이에 비해 쿠데타로 출범한 정부는 협의적으로 보더라도 18년간(1961~79) 계속되었다는 사실에는 변함이 없다. 5·16 이후 전개된 한국 사회의 근대화와 산업화는, 전 세계가 거론하는 바와 같이 분명히 기적 같은 혁명적 변화를 가져왔다고 평가되는 상황에서 그 시작이 쿠데타였다는 것을 강조하는 것은 별다른 역사적 의미를 주지 못한다. 쿠데타든, 혁명이든 그 사건을 기점으로 역사적 변화의 중대한 기점이 되었냐는 것을 보지 않으면 안 되기 때문이다.

건국 이후 대한민국의 정치사에 대한 또 다른 인식과 분석의 과제는 4·19와 5·16의 상호 관계에 관한 것이다. 4·19는 5·16으로 계승된 것인지, 아니면 4·19는 5·16에 의해 부정된 것인지도 명확히 규명되어야 한다.

5·16이란 역사적 사건이 4·19 체제를 부정한 것이라면, 그것은 4·19 혁명이 붕괴시켰던 이승만 정부를 계승했다는 것인가의 문제가 역시 남는다.

그렇다면 5·16 체제는 4·19 체제를 건너뛰어 이승만을 계승한 것인지, 아니면 이승만 체제와 4·19 체제 모두를 단절시키거나 부정한 것인지도 명확하지 않아 역사적 평가가 매우 혼란스럽다.

당장 4·19가 만든 이승만 대통령 하야(下野) 이후 헌법 개정 및 재선거(再選擧)로 탄생한 민주당 정부가 이승만 정부를 부정했던 것인지도 불명확하다. 왜냐하면 자유당에서 민주당으로 집권 정당이 교체되고 장면(張勉) 정부가 들어섰지만, 이승만 정부의 질서나 제도와 본질적으로 다른 변화가 있었다는 평가를 내리기는 불가능한 것이 사실이기 때문이다.

군사 쿠데타로 민주당 정부를 붕괴시킨 5·16 체제는 4·19로 붕괴된 이승만 정부를 계승한 것인가, 아니면 오히려 4·19를 계승한 것인가의 문제도 규명되어야 한다. 그런 면에서 한국 현대 정치사의 이해와 분석이란 결국 모두 4·19와 5·16에 대한 성격 규명과 연계되어 있다. 이승만 정부 - 4·19와 민주당 정부 - 5·16 박정희 정부를 각각 4·19 혁명을 기준으로 하여, 이승만 독재정부 - 4·19 혁명정부 - 쿠데타에 의한 박정희 독재정부로 규정해야 하는 것인지, 아니면 그 정반대로 이승만 혁명정부 - 4·19 반혁명정부 - 5·16 혁명정부라고 이분법적으로 규정짓고 결론 낼 수 없다는데 문제의 본질이 있다.

어쨌든 크게 보면 1948년 대한민국 건국 이후 민주공화제 역사가 시작된 지 불과 11년여 만에 불어 닥친 4·19와 5·16이란 커다란 격동 이후 만들어진 체제는 1961년부터 1987년까지 26년간 대한민국 체제의 근간이 되었다. 제기되는 문제를 규명하고 조명하는 유일한 방법이란 한국 근·현대사를 거시적이고 일관성에 입각하여 보지 않으면 안 된다는 현실에 직면하게 된다.

무엇보다 대한민국 70년 역사 전체를 규정짓는 대표적 개념은 '근대화(近代化)'일 수밖에 없다. 대한민국 건국 이후 첫 30년간의 이승만~장면~박정희 정부는 폐쇄적 봉건왕조인 조선(朝鮮) 체제를 극복하고자 했던 구한말(舊韓末)의 문명개화 시도 이후, 우리 민족 스스로가 다시 본격적으로 근대 국가를 향해 일관되게 나아갔다는 명확한 사실에 직면하기 때문이다.

한국 현대 정치에 대한 고찰은 다른 어느 개발도상국이나 신생 독립국가와는 달리, 전근대(前近代) 봉건 체제와 사회구조가 언제부터 붕괴되고 가속화되었는가라는 문제와 밀접한 관련이 있다.

그것은 전근대 폐쇄 사회와 중국 중심적 세계관이 해체되고 근대 문물이 본격적으로 도입되며 왕조적 봉건사회가 해체되고 근대적 주권국가 체제가 만들어지는 거시적 역사과정을 보는 시각에 의해 고찰되어야 한다.

서유럽을 비롯한 대부분의 근대 국가들은 봉건 체제를 해체시키고 근대 체제를 만드는 과정을 중심으로 역사를 본다. 이에 반하여 한국 사회에서는 봉건의 해체와 근대의 정착은 너무도 당연하고 원래부터 당연히 진행되었던 것으로 보기 때문에, 전근대적 체제의 해체와 관련된 8·15와 4·19 및 5·16에 역사적 의미를 의도적으로 부여하지 않는 경향마저 있다.

4·19와 5·16에 대한 긍정 혹은 부정적 평가를 떠나 한반도에서 수만 년 간 살아온 우리 민족에게, 적어도 지난 140년 동안 펼쳐진

근대 국가로의 지향이라는 거대하고도 일관된 과정에서 한국 근·현대 역사를 보아야 한다.

달리 말하면 내적으로는 봉건 체제 극복과 근대를 지향하고, 외적으론 중국의 명·청(明淸) 시대를 이어 계속된 일방적 속방(屬邦) 관계와 연이어 계속된 일본의 식민 체제를 넘어서 독립 주권 체제와 근대 번영 국가를 만들어온 역사 인식에 기반해야 한다.

특히 한반도의 근대 체제는 매우 늦어졌다. 늦게 시작할 수밖에 없었다. 폐쇄적 봉건 체제인 조선은 근대 주권국가 체계로 나아가지 못한 채 중국의 영향력 범위에 머무르며 왕조 체제를 버텨내고 있었다.

중국부터가 개방적 근대 문물을 거부하고 북방으로는 만리장성, 동남 지역에서는 바다를 경계로 무역은 물론, 바다 주변으로 나가는 것까지 금지시키며 외국과의 접촉 자체를 차단하는 해금(海禁) 정책을 견지했다.

중국은 조선을 비롯한 주변 나라에 속방 관계를 강요하며 폐쇄적 중화 체제의 부속적 변방으로 남아 벗어나지 못하도록 했다.[2] 결과적으로 명·청으로 이어진 중국은 적어도 300년 가까이 근대 세계로 나가지 않고 현재의 홍콩과 상하이(上海) 주변 등 4개 지역에만 제한된 개방을 허용했다. 그마저도 건륭제(乾隆帝) 시기

---

2 존 K. 페어뱅크 저, 김한식 역, 『캠브리지 중국사(10)』, 새물결, 2007.

(1757)에는 현재 광저우(廣州)를 제외한 나머지 3곳마저 폐쇄시켰다.[3]

근대 문물에 담을 쌓아온 중국은 속방인 조선에도 동일한 방식을 강요하며, 서구 문물이 다가오는 것을 허락하지 않았다. 조선에 대해서는 최소한의 제한 무역조차 허용하지 않았다. 정조(正祖)는 조선 후기 실학자 연암(燕巖) 박지원(朴趾源)이 청나라를 방문하며 문물 변화를 기록했던 『열하일기(熱河日記)』마저 불법화시키고, 누구든 그 책을 읽지 못하게 했었다.[4]

서유럽은 이미 15세기, 특히 16세기부터 국제적 관계를 만들고 17세기부터는 주권국가 체제를 형성했다. 하지만 동아시아는 결코 그렇지 못했다. 중국 중심적 세계관과 질서가 무너지고 한반도에 평등적 주권국가 체제와 개방적 교류와 문명 수용 체제가 만들어지기까지는 무려 300년 이상의 시간이 필요했다.

지금부터 불과 100여 년 전인 1880년대에 들어서야 근대 문물의 전면적 수용, 교류와 근대적 의미의 주권국가에 대한 사고가 형성되기 시작했다. 그런 의미에서 중국 속방 체제 하에서 한반도의 독립은 동아시아에서 주권국가 체제를 만드는 과정이었고, 명시적으로론 중국과 주종(主從) 관계를 단절하는 것이기도 했다.

그럼에도 결과적으로는 일본에 의한 식민 체제로 이어졌지만,

---

3 李國榮 저, 이화승 역, 『제국의 상점』, 소나무, 2008.
4 세계일보. 2004. 6. 4.

조선이 뒤늦게 개방 체제와 근대 문물을 도입하기 시작한 것은 중국에 대한 일방적 주종(主從)관계와 폐쇄적 조선으로부터 벗어나고자 했던 변화의 시작이었다. 폐쇄적 봉건 체제를 극복하고 근대적 자유와 산업 문명적 세계로 나아가는 일관된 역사적 과정에서는 천주교도에 대한 무차별 학살과 대원군의 쇄국 정책 등과 같은 수많은 우여곡절이 계속되었다.

근대적 변화와 주권국가 체제에 직면한 19세기 중국이 겪어야 했던 것과 거의 모든 비슷한 사건들이 조선에서도 짧은 순간에 기의 동일하게 전개되었다. 19세기 중반 이후 중국과 조선은 결국 내적 근대화의 실패, 일본의 점령, 미국에 의한 광복, 공산주의 확산과 분단 등에서 보듯 거의 동일한 역사적 전개가 나타났다. 물론 조선에서는 뒤늦게나마 김옥균(金玉均)과 서재필(徐載弼)을 비롯한 근대 체제를 향한 급진적 시도가 있었으며 개화파와 개신교 선교사를 중심으로 서구 문물과 근대 제도가 소개되기도 했다.

그러나 근대 국가를 지향하기는커녕 권력의 유지와 지배 체제에 집착한 고종(高宗)과 조선 왕조는, 봉건적 왕조권력을 유지시켜줄 수 있는 가장 강력한 국가가 누구인가를 탐색하며 당황해했고 이리저리 후견자 물색에 전념하였다. 조선에 출정한 위안스카이(遠世凱) 통치를 받아들이며 청나라를 붙잡기도 했고, 일본을 붙잡다가 다시 러시아 대사관으로 피신하며 러시아에 모든 것을 의탁(依託)해보기도 했다.

광무(光武) 개혁 등을 추진하며 조선에서 대한제국(大韓帝國)으로
의 변화를 모색하기도 했지만, 결국 조선은 일본 식민지가 되었다.
아시아의 중심이라던 중국마저 대만과 만주를 일본에 빼앗겼으며,
1937년 이후에는 중국 본토의 대부분을 일본에 내주어야 했다.

전근대적 폐쇄 봉건의 조선은 중국과 일본, 러시아가 벌이는 강
대국의 위세에 휘말렸다. 그러는 동안 친중(親中)·친일(親日)·친러
를 반복하며 오직 봉건 왕가(王家) 유지와 왕가의 사당인 종묘사직
(宗廟社稷)의 유지에만 몰두했다. 그나마 근대 국가를 향해 출범했
던 대한제국은 채 결실을 보기도 전에 결국 일본 식민 체제로 넘어
갔다. 그러면서도 일본 천황제의 한 부분이 되어 여전히 왕가의 유
지와 신주 단지인 종묘사직의 생존에만 목숨을 걸었다. 백성의 목
숨과 한반도의 근대화는 봉건 조선왕조의 첫 번째 관심이 될 수 없
었다.

그럼에도 왕조와는 달리 근대 국가를 향한 방향과 변화는 계속
되었다. 1919년 3·1운동이란 기점을 거쳐 대한민국 임시정부를
세웠고, 제2차 세계대전의 종결과 함께 대한민국을 건국하면서 봉
건 및 식민 체제와는 전혀 다른 근대 자유민주 체제를 비로소 한반
도에 완성해냈다.

그러나 대한민국은 봉건 체제와 식민 체제를 극복해야 했을 뿐
아니라, 연이어 공산 체제까지 극복해야 했다. 스탈린 체제의 소련
이 주도하는 소비에트 공산주의 체제는 또 다른 전근대 제국주의

이자, 근대적 전체주의 체제였다.

　일본 제국(帝國)의 식민체제를 탈피한 이후에는 공산 전체주의와의 대결과 6·25 전쟁을 거쳐 초기적 근대 주권국가를 완성시킨 이후 한국 사회가 경험한 것이 바로 4·19와 5·16이란 정치 변동이었다. 중국은 1911년 신해혁명(辛亥革命)으로 봉건 왕조를 종식시켰지만, 민주공화제로 가지 못하고 1949년 공산주의 혁명으로 빠져 들어갔다.

　러시아도 마찬가지였다. 차르적 봉건 체제의 극복 없이 바로 1917 전체주의적 공산 혁명으로 내달린 이후, 여전히 푸틴 독재로 신음하고 있다. 그러나 한국은 1919년 3·1운동으로 민주공화제를 지향한 이래, 1948년 주권국가인 대한민국을 확립한 이후 4·19와 5·16을 거쳐 자유와 개방 체제에 입각한 근대 산업혁명으로 나아갔다.

　그런 면에서 자유민주 질서와 개방적 시장경제를 근간으로 번영을 이룩하고자 한 근대 체제로의 지향과정은 1876년 이래 140년의 역사적 과정을 거쳐 오늘에 이르고 있는 것이다. 따라서 지난 140년의 역사 혹은 1945년 광복과 건국 이후의 역사 전개 과정은 인류 보편가치의 기준과 민족의 독립과 번영이라는 시각에 입각하여 대한민국의 성공적 변화의 전개와 건국 이후 펼쳐진 세계사적인 예외적 성공의 의미가 해석될 수 있어야 한다.

[2] 근대 산업화의 계기,
4·19와 5·16

    1945년 광복 이후 주권국가와 민주공화제를 만든 대한민국에는 대부분의 다른 신생 독립국이나 개발도상국과 달리 봉건 체제가 힘을 발휘하지 못했다. 한국을 만든 주역들은 봉건 조선을 결코 쳐다보지 않았고, 바로 근대화(modernization)를 지향하는 체제로 달려 나갔다. 공산 제국들과의 투쟁을 거쳐 1948년 대한민국을 만들어 세울 때, 건국의 주역들에게 조선(朝鮮)이란 국호와 조선과 같은 봉건 왕조로의 복귀란 전혀 고려 사항이 되지 못했다.

    근대 가치로 무장한 정치 지도자들이 한국을 주도했고, 3·1운동과 임시정부 수립에서 합의되었던 대한민국을 국호로, 태극기를 상징으로 하는 문명화된 근대 국가를 만들고자 했다. 그런 근대 번영 국가를 지향했기에 광복 직후의 좌우 대립과, 건국 후 2년만인 1950년 발발하여 3년간 지속된 6·25전쟁에서도 봉건적 조선과 공산 전체주의로 돌아가는 것을 단호히 거부할 수 있었다.

건국 과정과 6·25전쟁 기간은 근대 민주공화제와 자유민주 체제를 더욱 정착시키고, 더 이상 전통 봉건 사회와 또 다른 전체주의로는 갈수 없다는 기본적 국민 합의가 형성되는 과정이었다.

건국이란 나라 만들기가 일단락된 1950년대 후반, 한국 사회에는 또 다른 새로운 염원이 꿈틀대기 시작했다. 그것은 공화국도 아니고, 자유와 민주도 아니며, 언론 자유 확립과 선거권 확대도 아니었다. 물론 복수 정당제와 경쟁적 정당구조를 안정적으로 정착시켜야 한다거나 잦은 선거를 통한 정치 지도자를 교체할 수 있어야 한다는 열망도 아니었다. 그것은 바로 지긋지긋한 배고픔과 가난에서 벗어나고 취직을 포함한 삶의 질 향상에 대한 염원이 꿈틀대었던 것이다.

단기간에 결코 가능한 것이 아니었지만, 미국이나 일본과 같은 수준에 가고자 하는 바람이 결집되고 있었다. 전반적으로 근대화와 산업화로의 열망이 결집되고 있었고, 그 연장선에서의 폭발이 바로 4·19와 5·16이라는 사건으로 전개된 것이다. 그런 면에서 4·19와 5·16은 다른 개발도상국에서 펼쳐진 수많은 소위 민주 혁명이나 군사 쿠데타와는 본질적으로 다른 것이었다. 대중적 민주 혁명과 군사 쿠데타가 반복되는 이집트든 태국이든, 혹은 권위주의 통치에서 민주 지도자가 집권했다는 필리핀, 미얀마 등과도 전혀 다른 것이다.

다른 비교의 예를 든다면 미얀마다. 미얀마 군부 통치를 붕괴시키고 민주 투사로 평가받던 아웅산 수지가 주도하는 민주정부가 들어섰다. 하지만 그 정부는 근대 번영 국가를 만드는 것이 아니라, 또 다른 소수 종족인 로힝야족(族)에 대한 '인종청소'적 대량 학살로 전 세계적 규탄과 제재를 받는 또 다른 독재의 이름일 뿐이다.

전 세계의 개발도상국과 신생 독립국에 대한 비교 연구를 보면, 4·19와 5·16 이후 펼쳐진 것과 같은 역사적 유사성을 찾는다는 것은 불가능하다. 민중(民衆) 혁명이든 군사(military) 쿠데타든, 그것은 일관되게 긍정적이거나 일관되게 부정적 결과를 가져오지도 않았거니와, 한국과 같은 예외적 성공 역사로의 전환은 결코 기대할 수 없다.

이집트와 터키의 쿠데타는 물론 아프리카와 남미에서, 혹은 동남아시아 등에서는 헤아릴 수 없는 쿠데타가 계속되었다. 그러나 쿠데타 이후에 쿠데타 주도 세력이 번영 국가를 만들어 다른 나라의 모범이 될 만한 역사적 모델로 볼만한 것은 없다. 민중 혁명이든, 군사 혁명이든 그 결과가 성공적 통치로 나타난 것은 극히 예외이다.

그런 의미에서 4·19가 혁명이냐, 5·16이 혁명이냐를 논하는 이분법적 선택은 역사적 의미를 극도로 제한시키는 것이고, 매우 무의미한 분류다. 4·19와 5·16이라는 두 사건의 상호 관계는 물론 한국의 4·19와 5·16이 다른 신생 독립국들에서 전개된 것과 다른 결과를 가져온 이유가 규명되어야 한다. 근대화를 향한 민족적 열망의 표현이라는 사실에 입각하여 볼 때, 국민 모두가 구체적이고 실존적인 각자의 삶의 질 향상을 목표로 한 근대화를 향한 거대한 여정에서 4·19와 5·16의 성격을 규명하는 것이 맞다.

더구나 1961년 이후 전개된 민족사의 대전환과 번영국가로의 역사 전환의 계기에 대한 규명보다는, 단지 우리 한민족이 우수(優秀)하다는 민족 속성 논리를 펼치거나, 혹은 우리 국민이 다른 나라와 달리 훨씬 더 땀 흘린 결과라는 식의 평가도 결코 저절한 설명이 될 수 없다. 먼저 민족성을 가지고 말한다면 과거나 지금이나 분명 동일한 민족이었는데 무슨 이유로 100년 혹은 300년 전의 우리 민족에게는 일어나지 않았지만, 그런 번영 사회로의 대전환이 대한민국 건국 이후에야 펼쳐졌는지를 설명할 수 없다.

마찬가지로 우리 민족의 우수한 민족성의 결과라면, 한반도 북부 지역에서의 또 다른 동일한 민족인 북한은 70년이 지나도록 성공과 번영 역사로 전환되지 못하고 세계 최악의 체제에 머물러 있느냐 하는 것을 결코 설명할 수 없다. 그런 방식은 1948년 대한민국 건국의 의의와 근대화를 향한 4·19와 5·16과 같은 체제 전환의 혁명적 역사의 의미를 호도하는 것일 뿐이다. 그것은 물론 실패한 나라는 실패할 만큼 열등한 민족성을 가졌다거나, 성공한 나라는 성공할만한 우수한 민족성을 가졌다는 식에 불과하기에 과학적이지도 않고, 역사적 사례도 없는 논리에 해당될 뿐이다.

다음으로 국가와 체제, 제도를 논하지 않고 국민의 땀으로 귀결시키는 것도 동일하게 맞지 않는 논리이다. 국민들이 모두 나서서 열심히 일했고, 땀과 희생을 마다하지 않았기 때문에 성공했다는 것도 합리적인 설명이 될 수 없다. 그렇다면 과거의 백성은 게으른 백성이었다는 논리이다. 100년, 300년 전 우리 민족은 열심히 일하지 않고 땀을 덜 흘리는 그런 게으른 백성들이 결코 아니었기 때문이다.

그렇다면 북한에 있는 2천500만의 또 다른 우리 민족은 놀고 땀 흘리지 않아서 지금과 같은 상태가 되었다는 논리로 가야한다. 또한 동남아 혹은 중남미 등 대부분의 다른 나라 국민들은 한국과 달리 열심히 일하지 않았기 때문이라는 설명으로 해결하려는 논리에 빠지게 된다.

그러나 베트남이든 중국이든, 심지어 북한 지역에 사는 또 다른 우리 민족의 사례가 보여주듯 우리보다 더 오래, 더 힘들게 일하는 나라들도 많다. 그렇지만 힘겨운 땀과 노력 동원에도 불구하고 한국이 만든 것과 같은 역사적 전환을 이룰 수는 없었다. 그렇기에 성공과 실패, 혹은 행복과 불행 등의 평가를 민족성으로 설명하는 방식이나, 열심히 땀 흘렸다는 방식으로 설명하는 것은 과학적 분석도 역사적 설명도 아니다.

따라서 한국에서 펼쳐진 4·19와 5·16 이후의 평가는 '근대적 지표와 통계'라는 명확한 잣대에 입각해야 한다. 결코 추상적 담론

(談論)이거나 주관적 평가에 의해 좌우되어서는 안된다. 보는 시각에 따라 달리 평가될 수 있는 것이 결코 아니다. 그것은 개방적 선택 구조 속에서 각각의 다른 국가들과 비교를 거쳐 평가된 것이며, 객관화된 지표와 통계 수치에 입각한 것이다.

예를 들어 만약 자신이 행복하다고 느끼느냐고 질문하거나, 정치가 민주적이냐는 것들은 부분적으로 주관적이거나 문화적 차이에 따라 평가가 달리 나올 수 있다. 북한의 주민들을 대상으로 행복하냐고 조사하면 분명 그 답변은 거의 대부분 "장군(將軍)님 덕택에 말힐 수 없이 행복하다"로 나타난다.

네팔이나 부탄 등과 같이 불교적 사고(思考) 구조와 독재 체제 유지라는 인식 구조에 영향 받는 나라의 개인은 자신이 맞이한 현실 세계의 고통을 오히려 수련의 기간으로 여기고 감수한다. 죽은 이후의 사후(死後) 세계에서 더 좋은 신분으로 태어나기 위한 고통의 기간으로 '즐겁게' 받아들이도록 훈련되어 있다.

물론 그 고통을 피하거나 거부할 때는 사후에 영원히 불행에 빠질 것이라는 두려움을 갖고 있다. 결국 보다 나은 사후 세계를 기다리는 고통의 세월을 현실로 삼고 있는 사람들에게는, 현실을 매우 행복하거나 만족스럽다고 답변하게 만든다. 그런 인식을 갖게 만드는 것은 전체주의 혹은 공산주의 체제로 갈수록 더 심하다. 극도로 통제된 사회이고 감시받는 사회이거나, 다른 사회 및 다른 문명과 비교할 수 있는 정보와 선택 방안이 극히 제한되어 있기 때문이다.

근대적 지표와 통계는 주관적이거나 추상적 평가를 넘어서는 것이어야만 한다. 예를 들어 특정 국가의 국민 평균 수명(壽命)에 대한 통계는 모든 것을 설명할 수 없지만, 부정할 수 없는 주요 지표이다. A국 국민의 평균 수명이 48세에 머물지만, B국가의 평균 수명은 78세에 달한다면 분명 A국가에 비해 B국 국민이 상대적으로 더 좋은 삶의 질을 유지한다고 평가할 수 있다. 물론 A에 비해 B나라가 근대화되었다는 표현도 가능하다.

다른 측면에서 1955년에 국민 평균 수명이 48세였지만 1995년에는 78세로 나아졌다면 그 사회는 분명 40년 동안에 평균수명을 30년 연장시켜온 성공한 나라이며, 1955년과 비교할 때 괄목할만한 근대화를 이룬 사회로 평가할 수 있다. 다른 예들도 마찬가지이다.

특정 국가별로 비교해본다면, 새로 태어나는 1천 명 중 성인(成人)이 되기 전에 그 중 무려 187명이나 사망하는 앙골라와, 새로 태어난 1천 명 중 단지 2.8명만 사망하는 스위스를 비교한다면 분명 '유아(幼兒) 사망률'의 기준으로 볼 때 스위스가 앙골라보다 근대화된 나라이다. 마찬가지로 행복에 대한 주관적 가치가 어떻든 임의의 특정인에게 자유롭게 살 나라를 선택할 권한이 부여된다면, 그들 대부분은 앙골라가 아닌 스위스를 선택하는 데 주저함이 없을 것이다.

근대화 수준을 평가하는 지표와 통계는 무한대에 가깝다. 유아 사망률이나 국민 평균 소득, 문맹률(文盲率) 혹은 평균적 의무 교육 기간 등이 그것이고, 그런 객관적 지표의 합은 근대화의 성공 혹은 번영 수준에 대한 기준이 되는 데 충분하다. 따라서 근대성을 주관적 판단이나 평가하기 나름이란 문제로 호도(糊塗)해서는 안 된다. 통계와 지표를 통한 비교·분석 없이 주관적 관념에 기준하여 평가하는 것은 사회적 의미를 상실시키는 것일 뿐이다.

그렇기에 불교 국가 부탄이 가장 행복한 나라라거나, 인도(印度) 국민이야말로 가장 행복한 나라라는 것은 극히 주관적이다. 객관적 평가를 흐릴 목적으로 주장하는 것일 뿐이다. 마찬가지로 자유 선택이 보장받지 못하고 상대적 비교 자체가 불가능한 북한 주민을 대상으로 행복 수준을 조사한다면, 그 만족 지수는 당연 세계 최고 수준으로 나올 것이다.

그 예로 월 평균 12만원의 수입, 연(年)소득 146만원에 머무는 북한 주민과, 월 평균 수입 267만원에다 연소득 3천198만원을 갖는 한국 국민 사이의 차이는 객관적 비교에 해당한다. 그럼에도 한국 정치 지도자들이 마치 지향해야 할 모델처럼 쿠바와 베네수엘라, 혹은 그와 관련된 체 게바라(Che Guevara)와 카스트로(Fidel Castro)와 같은 좌파 폭력 혁명가에게 동경과 존경을 표하는 것이야말로 주관적인 것이다. 대한민국을 의도적으로 비하시키고, 한국 지도자였던 이승만과 박정희의 역사적 의미를 격하시키며, 뜬금없이 체 게바라를 갖다놓는 것은 그 자체로 자기 비하적 정치 인식과 표현이다.

4·19와 5·16에 대한 평가도 명확히 정치 발전과 경제 사회적 번영을 지표와 통계로 비교가 가능한 근대화(modernization)라는 기준에 입각해야 한다. 자의적(恣意的) 판단과 주관적 용어를 넘어 객관적 평가가 가능하기 위해서는 명확한 지표와 통계를 잣대로 삼아야 한다. 그렇지 않으면 대한민국은 이승만과 박정희의 역사적 역할과 쿠바에서의 체 게바라의 역할을 구분하지 못하는 문맹(文盲)에 빠져들게 만든다.

그 하나의 예로서 '여성(女性) 인권'이란 단일 기준을 갖고도 한국 근·현대 역사 전체를 꿰뚫어 분석하며 근대성의 수준을 평가할 수 있다. 개방 체제가 시작된 1880년대 이후 지난 140년간 여성 인권의 변화가 그렇듯, 의료 수준의 변화와 교육 수준의 변화, 혹은 위생 수준과 영양 상태, 혹은 소득과 평균 수명 등 수많은 객관적 지표를 통해 한국의 근·현대사를 분석하거나 평가할 수 있다.

봉건 조선 사회를 넘어선 1880년대 이후의 변화와 1920년대부터 여성들도 교육받고 사회 참여에 나선 '신여성(新女性)'의 등장, 그리고 참정권을 포함한 기본권의 보장(1948), 혹은 현대에 들어선 1980년대 및 2000년대 여성 지위의 향상 과정도 근대적 지표와 통계로 측정 가능하다. 여성의 재산권 보유, 교육과 취업 수준, 혹은 공무원이나 대기업의 임원 비율 등 다층 차원에서 객관적으로 평가할 수 있는 것이다.

여성 지위와 관련된 근대적 지표 외에도 다른 국가와 비교해가며 한국 근·현대 정치를 분석할 수도 있다. 실제 1800년대까지 조선에서는 여성에게는 호적에 올릴 정식 이름조차 주어지지 않았고, 천주교 박해로 인한 여성 순교자(殉敎者)의 이름은 '김이쁜', '김큰아기'로 기록된다.

참정권을 비교해 본다면 한국에 여성 투표권이 도입된 지 무려 70년 이상 되었지만 아직 중국은 남녀 모두 투표를 못하고, 중동에서는 2018년부터 여성에게 스포츠 관람과 자동차 운전을 허용하는 것을 비교해볼 수도 있다. 이처럼 특정 국가에서 봉건 체제를 극복하는 과정조차도 매우 오랜 세월에 걸쳐 진행되어 왔고, 미미하나마 점진적으로 향상되어 온 것이기에 '혁명'이란 특정 시점을 전후로 이분법적으로 본다는 것도 매우 위험한 것이다.

그런 면에서 장기적인 근대화의 역사 과정에서 4·19와 5·16을 평가해야 하고, 과연 어느 정도의 역사적 변화의 계기가 되고 영향을 주었는가를 규명해야 한다. 또 다른 측면에선 8·15 광복이든, 4·19와 5·16이든, 혹은 1987년을 전후한 민주주의 성숙 과정이든, 그런 정치 변동이 과연 얼마만큼 '여성 지위 향상' 혹은 또 다른 잣대에 따른 '국민 삶의 수준 향상'에 영향을 주고 기여했는지를 규명해야 한다.

그런 측면에서 대한민국은 정치혁명이었던 민주공화제를 출범시킨 1948년 건국체제에 기반하여, 1960년 및 1961년의 4·19와

5·16 체제 이후 명확히 성공적 근대화의 길에 진입하여 남다른 번영 국가의 길을 만들어왔다. 적어도 제2차 세계대전 이후 함께 출발했던 모든 국가 가운데 가장 성공한 모델이 되었다. 제2차 세계대전 이후 분석 가능한 174개국에 대한 유엔(UN)의 지표 변화에서 보듯, 대한민국은 35년간(1960~95) 유일무이하게 세계에서 가장 높은 최고 성장률을 기록한 나라이면서도 삶의 질을 최고 수준으로 향상시킨 나라이다.

〈표 1〉 최고 경제성장률 5개국 및 인간 개발지수 증가(1960-95)[5]

순위	국가	경제성장률 (1960-1995)	인간 개발지수(HDI)		HDI 증가치 (1960-95)
			1960	1995	
1	대한민국	7.1%	0.398	0.894	+ 0.496
2	싱가포르	6.4%	0.519	0.896	+ 0.377
3	키프로스	6.2%	0.579	0.913	+ 0.334
4	보츠와나	6.1%	0.207	0.670	+ 0.463
5	오만	5.9%	n / a	0.771	n / a

유엔(UN) 등의 국제기구는 물론 대부분의 다른 국가는 한국에서 펼쳐진 건국 이후 50년을 가장 빛나는 성공국가로의 변신의 예로 평가한다. 따라서 대한민국이 걸어간 길과 만들어온 시스템은

---

5 UNDP, Human Development Report, 1998, pp. 141-145.

다른 나라가 가고자 한 길과 이정표(里程標)를 만든 것이었고, 그렇기에 정당하고 객관화된 분석이 필요하다. 또 그런 분석과 평가는 다른 개발도상국의 정치 발전과 번영 체제로의 전환에 교훈이 되고 기여할 수 있어야 한다. 마찬가지로 한국 근대화 과정에서 4·19와 5·16이 만든 보편 모델적 요소가 있다면, 그것은 정당히 평가되고 모델이 되어야 한다.

그럼에도 한국 근·현대 정치사를 보는 대다수 시각은 봉건 사회를 극복해가며 한반도에서 펼쳐진 140년간의 지난(至難)한 근대 체제의 도입과 전개, 그리고 예외적 성공 역사를 만든 연속성을 의도적으로 외면하고자 한다. 한국의 현대 정치사를 굴곡과 실패의 연속으로 보고자 하기 때문이다. 광복 직후(1945~48)와 4·19 직후(1960~61)에 매우 짧은 기간 기회구조가 열려 있었지만 결국 잘못된 길을 갔고, 전반적으로 '긴 실패'의 연속으로 보려는 이분법적이고도 단절적 시각이 매우 강하다.

그런 시각은 성공적 근대화와 대한민국 주권체제 및 자유민주질서의 형성이라는 일관된 과정을 보기도 전에 '지배와 피지배', 혹은 '탄압과 저항'이라는 이분법적 시각을 갖고 역사를 재단(裁斷)하여 재구성하고자 한다. 그렇기에 근대화 과정은 없이 4·19는 피지배의 저항이고, 5·16은 지배와 탄압이라는 전혀 다른 접근법을 가지고 재단하는 것이다.

특히 현대사는 대한민국이란 국호와 태극기를 내걸고 시작한 근대 주권국가의 건국이라는 의의보다는, '분단과 독재' 그리고 '5·16 쿠데타와 군부 독재'라는 인식 구조를 전개시켜왔다. 그 결과 이승만 정부는 물론 4·19로 만든 정부, 그리고 5·16으로 만들어진 정부와 지도자를 보는 인식과 평가는 전반적으로 잘못된 정치 체제가 연속된 실패 체제라고 규정짓는데 익숙해있다.

이러한 이분법적 인식은 건국 이후 이승만 정부의 자유민주 혁명적 성격과, 4·19와 5·16 이후의 가난 극복과 민족주의적 근대 산업화로의 결집이라는 거센 격랑을 이해하지 못하게 만든다.

나아가 이승만 정부 및 반공 체제를 '잘못된 체제'로 보고, 4·19 민중 봉기라는 짧은 '올바른 체제'가 있었지만 다시 그 체제는 5·16이란 또 다른 '잘못된 체제'로 사라진 것이라는 이분법적이면서도 부정적 방식으로 한국 현대 정치를 서술하는 인식론을 만들어 왔다.

한국 정치를 전반적으로 이분법적이고도 부정적으로 평가해온 인식체계의 근본 원인은 크게 세 가지 측면에서 볼 수 있다. 첫째는 대한민국 건국의 의의를 보지 않고 대한민국 건국을 부정하거나 실패로 보고자하는 시각에서 오는 것이다. 둘째로는 공산 전체주의와 대결하여 공산 체제라는 또 다른 제국주의로 가지 않았다는 것에 대한 민족적 의의와 보편 가치적 의의를 전혀 정립하지 않거나 도외시하는 인식으로부터 오는 것이다. 마지막 셋째는 4·19가 이승만 정부의 연장이고 5·16도 4·19의 연장임에도 불구하고,

마치 4·19는 이승만 정부를 부정한 것이고 5·16은 다시 4·19를 부정한 것이라는 부정과 단절적(斷切的) 인식의 결과이다.

따라서 8·15 광복과 건국이라는 근대 국가 체제의 형성과 다시 4·19와 5·16을 근대 산업화 체제의 지향이라는 계승성과 연관성을 정립하는 것은, 1948년 이후 전개된 한국 정치사의 본질적 문제를 규명하는 것이기도 하다. 물론 4·19와 5·16에는 단절적 성격도 있다. 그러나 4·19와 5·16이 가진 연속성을 보면, 궁극적으로는 계승적(繼承的) 차원에서 1950년대 후반 이후 30년간 일관되게 진행된 한국 현대 정치가 조망된다.

그런 시각에서 보면 이승만 정부의 자유민주 및 시장경제 체제 도입 이후 박정희의 5·16은 4·19 정신을 이어받아 근대화와 민족주의적 번영체제의 구현이라는 민족적 염원을 계승한 것이란 사실을 명확히 이해할 수 있다. 또 그랬기 때문에 근대 산업화 체제와 민족주의적 부국강병(富國强兵)으로 나아갔던 1961~87년 사이 26년간 일관되게 전개된 비약적 경제성장을 이룩한 한국 사회를 이해할 수 있다.

특히 한국 사회에는 과거에 대한 부정과 청산(淸算)이란 시각에서 근·현대 한국 정치를 보는 방식이 관습적으로 획일화되고 굳어져 있다. 지난 140년 이상 한국 민족이 과거를 딛고 보다 더 진전된 방향으로 나아가고자 했던 지난한 과정을 계승과 연장으로 보지 않고, 단절적으로 보도록 만들어져 있다. 그러나 부정과 청산의 역사관은 우리 국민이 대한민국이란 근대 국가를 만들고 성숙시켜 온 예외적 성공의 여정(旅程)과 결과라는 사실을 정면으로 부정하 거나 비하하는 평가일 뿐이다.

1948년 자유민주 체제가 넘어서지 못했던 민족주의, 가난 극복, 민족 위상 제고, 근대화와 산업화가 4·19와 5·16을 거쳐 이루어졌 다. 4·19는 민족주의적 근대화에 대한 염원을 제기했으며, 5·16은 민족주의적 근대화의 실현으로 나간 것임을 명확히 확인할 수 있 다. 특히 4·19에서 나타났던 무질서, 반공주의의 폐기, 민주주의를 내건 혼란 등을 극복해가며 5·16이 단절할 것을 단절하면서도, 이 승만 정부 및 4·19가 만든 민주공화제 국가와 근대 산업화라는 민 족 문명의 건립이라는 계승적 과정이 투영되어야 한다.

한국 현대 정치사의 문제는 한국의 근대화 과정에 대한 명확한 규명 없이 바로 이승만 정부와 박정희 정부, 혹은 정치 지도자에 대한 공과(功過) 논란으로 전환되어 왔다는 점이다. 그런 시각은 수백 년 이상 계속되어온 봉건 체제는 어떻게 해체되고 근대로 나 아갈수 있었던 것인가에 대한 포괄적 시각을 갖지 못하게 만든다.

마찬가지로 폐쇄봉건적 조선이 근대 체제를 만들지 못한 것에 대한 평가 문제는 거론하지 않으면서, 봉건이 어떻게 해체된 것인 지에 대한 평가를 하지 않는다. 스스로 해체했다는 것인지, 일본 제국주의가 해체했다는 것인지, 아니면 일본 제국 체제를 패망시 키고 들어선 짧은 미국 군정(軍政)이 해체했다는 것인지를 규명하지 않는다.

그런 혼란적 인식으로 인해 극소수이지만 마치 공산 전체주의가 봉건 체제를 해체했다는 식의 선동적 평가가 천연덕스럽게 주장되기도 했다. 그런 맥락에서 1948년 건국 이후 전개된 한국의 봉건성 극복 과정에 대한 규명의 연속선상에서 4·19 혁명과 5·16 정변을 이해해야 한다.

4·19와 5·16을 포함한 한국현대사는 한반도의 근대화와 번영국가로의 이행은 물론이고, 봉건 제도와 봉건적 의식과 관행이 극복뇌는 근대 문명국가를 향한 지난한 과정이었다. 그럼에도 그런 반봉건적 근대화 과정에 대한 인식과는 상관없이 곧바로 특정 정치지도자가 독재였느냐, 아니냐의 문제로 전환시키면서 근대 역사를 거시적으로 이해하지 못하게 만들어 왔다.

그러한 점에서 1948년의 8·15는 물론이고, 1960년 4·19와 1961년 5·16에는 분명 대립과 단절적 성격도 있다. 하지만 그것은 작은 것이고, 크게 보면 근대화를 향한 일관된 계승적 성격이 명확하게 드러난다.

8·15 민주주의 혁명으로 만들어진 근대 국가에 바탕한 4·19와 5·16의 계승성을 본다는 것은, 건국 이후 이승만 정부를 이은 윤보선/장면 정부와 박정희 정부로 이어진 1948년부터 1987년까지 40년에 걸친 한국 현대사의 본질적 문제에 대한 이해 방식이다.

이를 통해 이승만 정부의 독재 체제에 항거한 '민주 혁명'으로만

규정됨에 따라 4·19만이 진정 혁명이라는 '신화'를 바로잡고, 5·16
이 쿠데타냐 혁명이냐에 대한 무의미한 이분법적 논쟁도 극복해
야 한다. 궁극적으로 이승만 정부의 성공적 기반, 근대 민족주의적
4·19 정신, 5·16 체제가 만든 안정적 질서와 근대 산업화를 통한
민족주의의 실현이라는 예외적 성공 역사의 틀에서 현대 정치를
보고 이해할 수 있어야 한다.

그런 의미에서 4·19와 5·16의 정치사에 대한 분석은 근대를 측
정할 수 있는 객관적 지표와 통계로 한반도에서 살아온 한민족의
70년 역사에 대한 평가여야 한다. 그것은 혁명이냐 의거냐, 혹은
쿠데타냐 독재냐 하는 소모적 논쟁을 넘어 대한민국의 지속적 성
공은 물론이고, 개발도상국과 신생 독립국들의 번영 체제와 민주
체제에 도움이 되는 보편성을 찾기 위함이기도 하다.

4·19의 성격과
민주당 정부의
지향성

1960년 숭례문 앞 4·19 시위

[1] 혁명의 전개와 성격

4·19 혁명은 1960년 벽두 대한민국 사회를 성숙시키는 중요한 전환점을 만들었다. 4·19는 반복적인 암울한 현실에서 기존 체제를 극복해보고자 하는 정치적 저항으로 시작되었다. 4·19는 1960년 대통령 및 부통령 선거를 계기로 분출되었다. 집권 자유당의 선거 집회에 학생들의 참석이 강요되자 학생들이 '학원 자유'를 보장할 것과 각종 사회 부조리에 대한 저항으로 시작되었다.

4·19는 부정선거 규탄과 기존 정부 및 정치 체제에 대한 대안(代案)을 요구한 것이다. 뚜렷한 목표를 가진 것은 아니었지만 비참한 현실이 반복되고 그런 현실이 계속 연장될 것으로 예상되는 것에 대한 강한 반감이 쌓여 있었다. 더구나 3·15 정·부통령 선거는 선거 과정에서 민주당 조병옥(趙炳玉) 대선 후보의 갑작스런 사망으로 감정적으로 격해져 있었다.

비록 이승만 대통령의 대안이 될 수 있느냐에 대한 국민적 합의가 있었던 것은 아니었지만, 4년 전인 1956년 대선에서 야당 신익희(申翼熙) 후보가 선거 과정에서 사망한 사실과 우연히 겹쳐짐에 따라 원천적으로 대안을 찾는 것도 불가능한 상황이었다.

결과적으로 3·15 선거는 이승만 대통령으로 다시 확정된 상황에서 부통령 후보로 나선 자유당의 이기붕(李起鵬)이냐, 민주당의 장면이냐의 선거로 압축되어 있었다. 그럼에도 자유당 부통령 후보 이기붕의 당선을 목적으로 한 부정선거와 선거 집회 참석 강요는 학생들을 움직였다.

4·19의 계기는 어느 사회나 마찬가지로 정치적 불만에서 시작되었고, 가장 커다란 불만 표출의 잠재적 계기는 1960년 3·15 선거 과정과 선거 결과에 대한 암울함이었다.

대규모 문제 제기의 시작은 2월 28일, 일요일에 대구에서 개최된 민주당 장면 부통령의 선거 유세에 학생 참석을 막을 목적으로 학생들을 소집시키자 경북고 및 대구고 학생의 공개적 반발이 계기가 되었다. 중·고등학생들은 3·15 선거 이전부터 자유당 정부가 주도한 각종 '정치 행사'에 동원되는 현실에서 '학원 자유'를 외치는 방식으로 반발하고 있었다.

전국 곳곳에서 동원 거부 움직임이 있었고, 부정선거 이후 더욱 확대되었다. 3·15 선거 집회에 중·고등학생들을 동원하고 정치 행사에 이용하는 것에 대한 불만 표출은 부산 동래고와 경북 문경고에서도 마찬가지였다.

결정적으로는 선거 과정의 부정과 부패에 대한 학생 시위에 경찰의 무자비한 실탄 사격으로 마산 시위에서 16명이 사망했다. 이 사건은 시위를 전국으로 확산시키는 전환점이 되었다.

광범위한 부정선거를 거쳐 비록 1960년 3월 15일 정·부통령 선거는 이승만 대통령 및 이기붕 부통령의 당선으로 종결되었지만, 예상된 선거 결과를 본 학생들은 선거 결과를 부정하는 시위로 방향을 바꿨다. 특히 시위 중 실종된 마산 김주열(金朱烈) 학생의 주검이 4월 11일 바닷가에 참혹한 모습으로 떠오른 것은 분노의 불길을 전국적으로 확대시키는 계기가 되었다.

고등학생들의 시위가 국민적 분노와 전국적 대학생들의 시위로 전환되었다. 마산 사건은 전 국민적 울분의 대상이 되었고, 부정선거 및 경찰 만행에 대한 규탄으로 확산되었다. 드디어 학원 자유로 시작된 시위는 부정선거 결과의 거부와 재선거 요구 시위로 비약되었다. 4월 18일 고려대학교 시위 및 시위대에 대한 조직적 폭력 사건은 다시 이후 전국 대학생 및 중·고등학생의 시위로 전면 확대되는 도화선이 되었다.

4월 19일, 시위는 서울대와 고려대, 연세대 등 전국 대학생 및 중·고등학교 학생들에게로 확대되었다. 특히 이승만 정부의 계엄령 발동 이후에도 4월 25일에는 지식층의 가장 상징적 집단이라 할 수 있는 200명이 넘는 교수들의 시위 참가로 나타났다.

당시 한국에 대한 영향력이 절대적이던 미국 정부와 미국 대사의 강력한 경고와 위협도 대두되었다. 더구나 계엄령으로 출동한 군(軍)은 경찰과 달리 무력 진압에 대한 반대를 표하고 있었다.

학생들의 계속된 희생과 교수들의 집단 의견 표출, 그리고 미국의 경고와 계엄 군부의 무력 사용 자제라는 상황을 맞이한 이승만 대통령이 드디어 4월 26일 대통령직 하야(下野)와, 3·15 선거를 무효로 처리하고 재선거를 실시하겠다는 선언을 발표하면서 4·19 혁명은 일단락되었다. 대구에서 본격적 학생시위가 시작된 2월 28일에서 이승만 대통령이 하야한 4월 26일까지 두 달간 계속된 4·19 항거 과정에는 185명의 사망자와 1,800명에 달하는 중부상자가 나오는 등 커다란 희생이 초래되었다.

민주공화제를 출범시킨 근대 역사에서 최고 권력인 대통령이 다수의 집회 및 시위의 요구에 따라 스스로 하야한 것 자체가 혁명적 사건이었다.

이승만 하야에 따라 들어선 허정(許政)이 이끈 임시 과도내각(過渡內閣)은 3·15 부정선거 관련자에 대해 처벌하고, 내각제 개헌을 실시하여 대통령 중심제에서 내각 중심제로 바꾸는 헌법 개정을 실시하였다. 4·19는 3·15 정·부통령 선거를 무효화 시켰고, 헌법 개정을 통한 7월 29일의 재선거로 집권 자유당이 몰락하고 민주당 시대를 열었다.

집권당이던 자유당은 25만 표에 그쳤고, 의석도 125석에서 2석으로 줄면서 정치적 역할을 완전히 상실했다. 불과 2년 전인 1958

년 제4대 총선에서 자유당은 약 360만 표 득표로 전체 232석 중 과반을 넘는 125석을 차지했지만, 4·19에 따른 재선거에서 2석으로 사멸한 것이다.

반면 야당이던 민주당은 대대적인 승리를 만들었다. 득표율 41.7%로 전체 의석 232석 중 171석을 석권하였다. 불과 2년 전인 1958년 선거에서 293만 표 지지로 불과 79석에 불과했던 민주당이 379만 표를 획득했고, 의석수에서도 92석이 더 늘어 171석으로 국회의 절대 다수를 점하며 내각제 하에서 집권하게 되었다.(표 2와 3 참조)

〈표 2〉 1958년 제4대 총선 정당별 의석 및 득표수

	정당별 의석 및 득표수				
	계	자유당	민주당	통일당	무소속
의석수	232	125	79	2	26
정당별 득표수	8,573	3,607	2,934	54	1,909

(단위: 천 명)

4·19는 민족적 무기력에 대한 대안을 찾자는 것이지 결코 야당 이던 민주당 집권을 목표로 했던 것은 아니었다. 물론 4·19 의거를 계기로 한국 정치에 '더 많은 민주주의'를 도입하고 확립하고자 목적을 가졌던 것도 아니었다. 자유민주적 정치 질서보다는 사회주의 질서라는 방향을 모색했던 것은 더더욱 아니었다.

〈표 3〉 1960년 제5대 총선 정당별 의석 및 득표수

| | 정당별 의석 및 득표수 | | | | | | | |
	계	민주당	자유당	사회 대중당	한국 사회당	통일당	기타 단체	무소속
의석수	233석	171	2	4	1	1	1	53
정당별 득표수	9,078	3,786	250	541	58	17	176	4,249

(단위: 천 명)

출처: 중앙선거관리위원회 선거통계(http://info.nec.go.kr/)

4·19 혁명의 지향점이 민주당 집권이었다면, 4·19 이후 실시된 선거에서 민주당은 대대적 지지를 받았어야 했지만 결코 그렇지 못했다. 거센 혁명 와중에도 2년 전 총선의 293만 표에서 불과 약 85만 표 증가한 379만 표에 약간 못미치는데 머물렀다.

비록 대안의 부재로 의석수는 비약적으로 늘었지만 지지율에 있어서는 매우 의외의 현상이었다. 오히려 민주당 지지보다 훨씬 많은 숫자인 약 425만 명의 유권자가 민주당을 포함한 특정 정당 소속이 아닌 무소속 후보를 지지했던 것을 보면, 4·19 혁명이 민주당 지지와 민주당 집권을 염원한 결과가 아니라는 것이 쉽게 설명될 수 있다.

4·19 혁명이 자본주의 체제나 자유민주 체제에 대한 비판과 이의를 제기한 것이고, 좌우합작(左右合作) 체제를 지향했다거나 사회민주주의적 지향성을 가졌다는 것은 더더욱 사실과 배치된다. 4·19 직후의 혁명적 분위기에도 불구하고 7·29 선거에서 사회대

중당과 한국 사회당 등 혁신계로 보이는 정당의 득표는 모두 합쳐도 불과 60만 표에 머물렀다.

이러한 지지수준은 1956년 선거에서 진보당의 조봉암(曺奉岩) 후보가 얻은 216만 득표와 비교해도 무려 150만 표가 오히려 줄어든 것이다. 216만 표를 얻었던 진보당 조봉암에 대한 지지표는 4·19 혁명에도 불구하고 다시 나타나지 않았다.

결국 조봉암의 216만 표 득표란 당시 보수 야당이던 민주당 신익희 후보가 끝까지 가지 못하고 사망한 것에 대한 동정표가 남아 있던 제3의 후보 조봉암에게 갔던 것이지, 결코 조봉암으로 대변된 진보 내지 사회주의적 열망이 나타났던 것이라는 평가는 전혀 근거가 없는 것이다.

분명한 것은 4·19로 대변된 지향점이 민주당을 목표로 했던 것도 아니고, 그렇다고 사회주의와 공산주의라는 좌파 진보를 지향한 것은 더더욱 아니었다.

만약 4·19가 이승만 정부의 권위주의 체제 혹은 독재에 대한 저항을 통한 정치적 민주화로의 변화와 민주적 제도 개선을 강구하자는 것이었다면, 이승만과 자유당의 붕괴와 장면의 민주당 정부의 등장으로 종결되었을지 모른다. 또 만약 더 많은 민주주의의 실현에 그토록 목숨을 건 것이었다면 불과 1년 후인 5·16 때 펼쳐진 쿠데타에 대해선 거의 저항이 나타나지 않았던 것도 이해되지 않는다.

또한 4·19가 민주주의와 민주당에 대한 지지가 핵심이었다면, 5·16 군사정변 이후 1963년 자유민주적 대통령 선거가 전개되었을 때 박정희 후보는 결코 민주당 윤보선(尹潽善) 후보를 이길 수 없었을 것이다.

그것은 4·19가 선거 부정(不正)을 계기로 나타난 정치 변화에 대한 갈망이었지만 본질적으론 선거 부정 관련자 처벌이나 권력 교체에 초점이 맞춰진 것이 아니라, 근대 사회로 나아가지 못하는 봉건적 전통 사회와 기득권 체제를 넘어 보다 동적인 근대화된 사회를 지향했다는 것을 말한다.

1960년 3·15 정·부통령 선거 결과는 현실 반복적이고 기득권적 사회 구조가 계속될 것이라는 불안감을 불러왔고, 4.19의 저항이란 다른 대안을 찾지 않으면 안 되겠다는 격렬함의 분출이었던 것이다.

그런 면에서 4·19가 지향했던 과제와 목표는 민주주의 확립, 혹은 민주 혁명의 수행과는 다른 것이었다. 무엇보다도, 민주공화제로 출범한 이승만 정부는 한반도의 역사 이래 최초의 혁명적 민주 정부였다. 민주주의 혁명을 통해 제반 민주공화제를 확립하였고, 1948년 민주 정부가 출범한 직후 바로 전개된 1950~53년 6·25전쟁과 그 이후에도 이승만 정부는 세계 신생 독립국, 혹은 개발도상국 중 어느 나라도 가지 못하던 수준의 민주주의를 정착시켜내고 있었다.

6·25전쟁 직후 1955년 기준만 보더라도, 몇몇 서유럽국가 일부를 제외한다면 한국만큼 정상적 민주주의가 작동되는 나라를 찾는다는 것은 불가능했다. 의회 민주주의가 훌륭하게 정착되고 있었고, 거의 2년마다 복수 정당제에 입각한 자유민주적 선거에 따른 정상적 대통령, 국회의원, 지방자치 선거가 계속되었다.

당시 대한민국은 다른 신생국이나 개발도상국에서 보기 어려운 수준의 의회 민주주의와 경쟁적 복수 정당제 및 3권 분립 체제를 유지하고 있었다. 또한 대부분의 다른 나라와 달리 거주 이전의 자유 및 종교의 자유, 언론 자유가 확립되어 있었고 주변의 공산 전체주의와는 차원을 달리하는 자유민주적 체제였다.

한반도의 한민족에게 1948년 건국 과정을 통해 민주공화제적 독립 주권국가를 건설할 수 있었던 것은 거대한 민주주의 혁명이었다.[1] 비록 이승만 정부는 불명예스럽게 종결되었지만, 이승만 정부의 출범과 그 기간은 한국 자유민주주의 역사에 커다란 발걸음이자 혁명적 민주주의의 첫 시작이었다.

특히 공산 전체주의의 위협에 맞서고 3년간의 참혹한 침략 전쟁을 극복해내면서 다른 신생 독립국이나 개발도상국들과는 차원이 다른 모범적 수준을 보여주었다.

비록 시행착오를 겪었지만, 서유럽의 선진적 민주주의와 마찬가

---

1 김광동 외, 『한국현대사 이해』, 경덕출판사, 2007; 김광동, 한국 민주주의 기원과 혁명, 그리고 성장: 한국 민주주의 발전사의 재구성, <제도와 경제>(한국제도경제학회, 2008).

지로 빠른 속도로 정착되어 가고 있었기에 민주주의에 대한 국민적 문제 제기가 발생할 소지는 근본적으로 작았다. 오히려 근대 교육을 받기 시작한 학생과 군부 엘리트를 포함한 지식층은, 제도로서의 민주주의를 넘어 삶의 질의 비약적 개선과 근대적으로 산업화된 나라를 만드는 방향을 찾고 있었던 것이다.

민주주의 도입과 정착이라는 뛰어난 공적에도 불구하고 이승만의 자유당 정부로는 근대 산업화와 삶의 질을 획기적으로 개선해내는 역사적 과제를 감당해 나가기에는 부족할 수밖에 없었다.

득히 4·19 혁명이 전개되기 4년 전 1956년 대통령 선거에서 민주당에서 내건 '못살겠다, 갈아보자!'는 것과 '기성 세대는 각성하라'는 4·19 구호는 정체된 사회를 진단하며 근대화된 사회 변화를 요구하는 열망의 결집이기도 했다.

중·고등학생과 지식층 주축의 4·19 주도 세력은 기성 세대와 이승만 정부를 향해 기존 체제에 대한 분노를 표했던 것이고, 이후 군(軍) 엘리트들도 새로 권력을 잡은 민주당 신정부를 향해 근대화된 산업 사회의 지향과 삶의 질 향상은커녕 질서와 안정도 확립하지 못하는 것에 분노를 표출했던 것이다. 그런 맥락에서 4·19 혁명은 이승만 정부를 대상으로 '민주주의 부족' 문제를 혁파(革罷)하기 위한 것이었다고 볼 근거는 없다.

근대 국가를 지향하며 민주공화제를 출범시켰지만, 이승만 정부시대의 정치 체제로는 급격하게 상승하는 국민적 기대를 채워낼 수 없었던 것이다. 사실 그것은 지도자가 누구냐, 혹은 당시 정부가 어떤 정부였느냐와 상관없이 폭발적인 국민적 기대에 부응할만한 정치 체제를 만든다는 것은 불가능한 일이기도 했다.

더구나 자유당 붕괴와 이승만 대통령 하야, 그리고 민주당의 대승리라는 격변을 만든 4·19 혁명의 주도 세력은 민주당이 아니었고, 실제 주역은 중·고등학생과 대학생이었다는 점에서 문제는 더 심각했다.

그 주체들은 국가를 맡을 역량을 갖춘 것도 아니었다. 1960년 3월 15일 대통령 선거만 하더라도 이승만을 대체할 다른 대안이 없는 상황에서 이승만에 대한 국민 지지는 큰 변화가 없었다.

이승만 퇴진이 본격적으로 주장되지도 않았고, 혁명 과정에서 이승만 대통령에 대한 분노도 결코 과격하지 않았다. 또 4·19 혁명 이후임에도 불구하고 자유당이 절대 다수였던 기존의 제4대 국회 자체가 부정된 것도 아니었고, 단지 3·15 부정선거에 연루된 14명의 자유당 국회의원에 대한 구속으로 매듭지었다.

4·19 혁명에 따른 정치적 변화라는 것도 3·15 대통령 선거의 무효와 재선거에 따른 집권당 교체, 그리고 내각제적 정부운영에 머물렀을 뿐이다.

4·19 혁명은 결국 집권 기회를 갖지 못하던 민주당이 집권하게 되는 것으로 귀결되었지만, 빈곤 타파와 경제 성장에 대한 독자적 프로그램을 갖추고 있지 못한 민주당 정부는 학생들에게 끌려 다

니는 취약한 정치구조만을 가속화시켰을 뿐이다.

역설적인 것은 4·19의 주역이 된 고등교육을 받은 학생들은, 대중적 국민교육 강화를 통해 교육으로 나라를 다시 만들겠다는 비전을 세운 뒤 각고의 노력을 경주해온 이승만 정부의 산물(産物)이었다는 사실이다. 이승만 정부는 자신들이 만들고 육성한 학생들에 의해 붕괴된 것이다. 이승만 대통령 자신만큼 근대 이후 한국 사회에서 교육받은 선각자도 없었고, 일반 국민에 대한 교육을 중시한 사람도 없었다.

이승만은 1890년대 배재학당에서 서구적 교육을 받았다. 이후 기독교 신앙을 바탕으로 선교사들로부터의 교육을 거쳐 하버드대학교와 프린스턴대학교에서 석·박사를 받은, 한국 사회에서는 유래를 찾을 수 없는 수준에 있던 당대 최고의 지식인이자 선각자였다.

이승만 대통령은 청년 시절부터 일관되게 대한민국과 한민족의 미래를 교육에서 찾았었다. 국민들이 우수한 교육을 받게 되면 한국 문명은 근본적으로 바뀔 수 있다는 확신을 가졌었고, 집요하고 일관되게 근대 교육 강화에 박차를 가했다.

그 결과, 이승만 정부 시기에 대중 교육은 급격히 확대되었고, 교육(education) 중심적 국가발전 모델을 만들었다. 1945년 초급대학과 정규대학 등을 합하여 고등교육을 받는 학생 숫자는 남북한 전체 8천 명 전후에 불과했다. 게다가 6·25전쟁을 거치면서 학생

수가 급격히 줄어들었다.

그러나 전쟁 기간과 전후 1954년부터 학생 수는 기하급수적으로 늘어났다. 6년이 지난 1960년, 한국에서 고등교육을 받는 학생 숫자는 10만 명을 넘어섰다. 고등교육에 종사하는 교원 숫자만도 3천 800명에 달했다. 1954년도 서울대학교의 학생 숫자만 1만 2천 명이나 되었다.

숫자로도 엄청난 규모의 변화이지만 확대 속도가 상상하기 어려운 수준으로 늘어났다. 불과 15년 만에 고등교육을 받는 학생 수가 13배나 확대될 만큼 고등교육 층이 성장하고 있었다. 특히 6·25전쟁 중에도 대학생 신분을 갖춘 사람에게는 군 소집을 면제하면서 교육 기회가 급격히 확대되었고, 그에 따라 중·고등 교육이 기하급수적으로 늘어났다.

이승만 정부의 출범과 함께 1949년부터 펼친 농지개혁(農地改革)도 교육기관 설립과 중·고등 및 대학 교육을 확대시키는 중요한 계기가 되었다. 실제 농사짓는 농가에 농지를 부여하기 위한 차원에서 시작된 농지개혁은, 봉건적 지주와 소작 관계를 바꾸고 근대적 농업 구조를 만드는 데 크게 기여하였다.

특히 농업에 종사하는 사람이 농업 생산력을 높이는 계기가 되었고, 농업에 종사하지 않는 지주들은 도시로 진출하여 상업과 산업 부문에 종사하게 만드는 계기가 되었다.

그 결과 농지개혁은 물론이고 6·25전쟁으로 인해 전통적 농업 사회의 재편은 가속화되었으며, 인구의 급증과 산업 사회에 참여할 수 있는 광범위한 대중 교육이 확대되었다. 그러나 근대적 교육을 받은 대다수 졸업생들이 진출할 곳은 극히 제한적이었다.

농지개혁은 중농층과 지주층이 농지를 판 대금으로 자녀들이 고등교육을 받을 기회를 급격하게 확산시키며 산업 사회로 진출하는 길로 나아가도록 했지만, 실제 교육받은 그들이 갈 곳은 많지 않았다.

더구나 농지개혁법에 따라 교육재단을 설립하는 경우에는 일시불로 지가(地價) 보상금을 지급하는 등 특별 혜택을 부여했기 때문에 수많은 교육재단과 학교가 만들어지면서 대중 교육 체제가 가속화될 수 있었다.[2]

〈표 4〉 연도별 제조업 공장 및 종업원 수(단위: 개/명)[3]

연도	1948	1955	1959	1960
공장 수	4,194	8,618	12,971	15,204
종업원 수	141,845	221,206	260,427	275,254

비고 : 1) 종업원 5인 이상 사업체 및 종업원 수
2) 종업원에 기업주와 무급 가족 종사자 포함

몇 백 년 간 농업을 기반으로 했던 농촌 사회의 인구가 짧은 기

---

2 공제욱, 『1950년대 한국의 자본가 연구』, 백산서당, 1993.

3 김형기, 「한국의 독점적 자본축적과 임노동의 구조변화」, 서울대 박사학위 논문, 1987.

간에 농촌 공동체를 떠나 근대적 제조업 혹은 상업에 진출할 수밖에 없는 여건이었지만, 급격한 동적(動的) 사회의 성격에도 불구하고 한국의 산업 및 경제 수준은 산업 자본이 투여되거나 교육받은 학생들을 흡수할 만한 산업 변화가 이뤄지지 않았다.

산업화된 사회를 준비하며 비싼 교육비를 들여 고등교육을 받은 졸업생들은 대부분 다시 부모가 하던 농업으로 되돌아가지 않는 한 직업을 구하기는 어려웠다.

농수산업을 제외한 제2차 산업인 제조업의 기업 숫자도 정체되어 있었고 제조업 종사자 숫자도 1949년 26만 6천명에서, 1954년 25만 5천명, 1960년에 들어서도 23만 5천명 명 수준으로 거의 변화가 없거나 오히려 줄어드는 상황에 있었다. (〈표 5〉 참조) 신(新)지식층의 급격한 형성에도 불구하고 산업 사회로의 진출이 좌절되는 상황이었다.

〈표 5〉 연도별 5인 이상 사업체 및 종업원 수(단위: 개/명)[4]

연도	1949	1952	1954	1956	1960
사업체 수	7,404	4,300	4,344	6,536	6,450
종업원 수	265,965	266,429	254,820	220,280	235,228

비고 : 공공부문 및 국가부문 제외

---

4 공제욱, ibid., 1993, p. 44.

4·19가 의거(義擧) 혹은 학생 혁명이라고 불리는 것은 광범위한 대중 교육의 확대에도 불구하고 진출할 수 있는 산업 부문과 직장이 극히 제한되어 있고, 부정부패가 만연한 전근대적 사회 구조에 대한 불만 표출이었기 때문이다.

대중 교육의 확대에도 산업 구조는 전근대적 수준이었고, 다시 농촌으로 돌아가는 것 이외에는 대안을 찾지 못했다. 따라서 4·19는 정규 교육을 받은 근대적 지식층의 대대적 확장 결과가 누적되면서 근대적 산업 사회로의 전환을 창출하는 과정이기도 했다.

[2] 근대화 지향성

4·19가 내걸었던 목표는 재선거를 통해 3·15 부정선거를 바로 잡고 자유당의 이승만 정부를 민주당의 장면 정부로 만들자는 수준의 변화로 가자는 것이 결코 아니었다. 4·19는 권력의 변화를 요구했던 것이 아니라 근대 산업화를 만들어낼 수 있는 정치구조를 지향했던 것이다. 그랬기에 4·19는 이승만 대통령의 퇴진을 목표로 하지도 않았고, 야당이던 민주당 정부의 집권을 목표로 했던 것도 물론 아니었다.

나아가 4·19가 조봉암의 진보주의 내지 사민주의나, 좌우 합작적 정치 체제를 지향했던 것은 더더욱 아니었다. 4·19의 전개와 4·19로 대변된 주도층이 무엇을 요구하고 지향했던가를 보면, 연이어 전개된 5·16에 대한 정당한 조명이 가능해진다. 4·19의 전개 과정에서 정치 사회적으로 반영시키고자 했던 기본 방향이 무엇인가를 명확히 보는 것이 4·19의 성격은 물론 5·16과의 관계를 규명하는 첫 출발이다.

4·19는 지식층을 중심으로 무기력한 현실을 넘어 역동적 근대라는 신질서를 찾는 과정이었다. '학원 자유'를 내건 중·고등학생의 시위로 시작되었지만, 「고려대학교 4·18 선언문」을 보면, '기성(旣成) 세대는 자성하라!'는 반성 촉구가 핵심이었다.

4·18 선언문은 '민족을 위한다는 위정자들이여, 그대들의 이름은 부귀요, 영화며, 몰인정한 위선자'들이라며 강한 비판 의식을 토로하고 있다. 저항 주체가 학생이다 보니 4·19는 새로운 방향성이나 대안 체제에 대한 제시는 불가능했지만, '위선자' '위정자' 등 기존 질서와 기성세대에 대한 강한 비판을 쏟아냈다.

마찬가지로 당시 한국 사회에 커다란 반향을 일으킨 4·19 당시 「교수 선언문」의 내용도 최고 지성들의 절규였지만, 어떤 뚜렷한 대안도 담아내지 못했다. 교수들의 선언문도 마산 학생과 고려대 대학생 및 4·19 대규모 유혈사태에 따른 학생의 희생과 피에 보답하라는 것에 머물렀다.

4·19라는 거대한 변화의 계기임에도 불구하고 최고 지성들조차 한국 사회가 지향할 특정 방향을 제시하지 못했고, 실제 그런 방향을 제시하고 추진할 역량도 없었다. 그것이 1960년 당시의 현실이었다.

4·19가 기존 상황에 대한 부정은 분명했지만, 다른 어떤 방안이 있는지는 전혀 제시하지 못했다. 물러나라는 것에서 더 나아가지

못했다. 대학 교수 시국 선언문도 "누적된 부패와 부정의 횡포로부터 민족적 대참극, 대치욕을 초래케 한 대통령을 위시하여 국회의원 및 대법관 등은 책임을 지고 물러나지 않으면 국민과 학생들의 분노는 가라앉기 힘들 것이다"는 지적에 머물렀다.

학생과 교수들이 다른 방법을 찾거나 제시할 수도 없는 상황이었다. 그것이 기존 체제에 대한 문제 제기와 저항이라는 4·19의 의의이기도 했고, 한계이기도 했다. 그 결과 4·19 혁명이라는 대사건은 단지 자유당 이승만 정부에서 민주당 장면 정부로의 권력 이양만으로 종결되는 데 머물렀다.

건국 이후 11년이 넘는 기간 통치해온 이승만을 상징적 대표로 했던 제1공화국은 4·19로 종결되었지만, 4·19에 의한 제2공화국 신체제도 민주당 집권이라는 권력 교체 외에 다른 대안적 변화를 만들지 못했다.

4·19 혁명에도 불구하고 방향을 찾아나갈 수 없었다는 것은 4·19에 따른 헌법 개정 결과로 뚜렷이 보인다. 4·19 직후인 6월 15일에 개정된 헌법은 4·19의 성격을 가늠할 수 있는 중요한 잣대인데, 내각제와 양원제(兩院制) 도입이라는 권력 구조의 변화 외에 다른 변화는 없었다.

4·19가 혁명적 성격을 갖는다면, 제2공화국 헌법은 내용과 성격에 있어서 제1공화국과 커다란 차이와 변화가 있었어야 했지만 그렇지 않았다. 혁명에 따른 개정 헌법으로 나타난 변화는 주로 국회

주도적 권력 운용의 변화였다. 국회가 선출하는 내각제 총리 수반과, 지역 기준으로 선출되는 참의원(參議院), 인구 기준으로 선출되는 민의원(民議院)으로의 양원제 도입에 따른 권력 분산이었다.[5]

헌법 개정을 위한 특별위원회의 명칭부터 '내각책임제 개헌안 기초위원회'였다. '혁명 헌법'은 아니었고, 혁명이 지향했던 방향도 불분명해진 상황에서 주로 민주당이 원하던 내각제로의 권력 구조 변화에 집중되었다. 다른 내용도 1948년 헌법 체계가 그대로 유지되었고, 국민 기본권의 변화나 선거 및 정당세도는 물론 행정과 사법 제도 등 거의 모든 것들은 제1공화국과 전혀 차이가 없었다.

4·19로 만든 개헌이지만 제2공화국 헌법 전문(前文)에 '의거' 또는 '혁명'과 같은 4·19와 관련된 성격 규정도 들어가지 못했고, 4·19 혁명 관련 표현도 일체 헌법 개정에 반영되지 못했다.

내각제 도입 문제는 1948년 건국 이래 민주당이 요구했던 핵심 사안이었다. 신생 독립국의 체제 형성 과정에 1919년 상하이(上海) 임시정부부터 대통령의 직위를 가진 이승만과 같은 권위적이면서도 상징적인 인물을 대체할 다른 대안을 찾기 어려웠다.

당시 전통적 토착 지주층을 대변했던 한국민주당(韓國民主黨)은 대중적 권위를 가진 이승만을 대체할 만한 지도자적 인물이 없었

---

5 김영수, 『한국헌법사』, 학문사, 2001; 김도균, 최병조, 최종고, 『법치주의의 기초; 역사와 이념』, 서울대학교 출판부, 2005.

기에 정부 출범 때부터 내각제 헌법을 요구했었다. 결국 민주당은 집권 가능성을 높이기 위해 국민 직선에 의한 대통령보다 '국회의원이 선출하는 총리제'라는 내각제 개헌을 당론으로 갖고 있다가 4·19를 통하여 비로소 실현시킨 것이기도 하다.

그런 면에서 1948년 제헌의회부터 한국민주당이 내각제를 당론으로 하여 집요하게 추진해왔던 내각 중심제 도입을 4·19 혁명의 결과로 보기도 어렵다. 실제 4·19 혁명의 전 과정에서 '내각제 도입'을 내걸었던 구호는 찾을 수 없다. 4·19 혁명에도 불구하고 '혁명'이라 말할 만한 본질적 변화가 없었다.

그런 상황에서도 4·19를 주도했던 그 어떤 세력도 4·19가 지향했던 혁명의 방향을 명확히 담아내지 못한 헌법 개정 과정에 대해서나, 또 새로 집권한 민주당 장면정부를 향하여 '혁명 정신'에 입각한 문제 제기를 일관되게 진행한 사례를 찾을 수 없다.

왜냐하면 당시 한국 사회는 4·19에 따른 이승만 실각과 민주당 장면 집권을 결코 혁명이나 체제 변혁이라고 보지 않았기 때문이다. '못살겠다, 갈아보자'는 절규의 연장선에 있었던 것이지 명확히 근대화 체제를 어떻게 갖추어야 하는 지에 대해서는 누구도 대안을 제시할 수 없었던 것은 당연했다. 그랬기에 실제 4·19로 표출된 근대화를 향한 국민적 염원은 좌절의 과정으로 향하고 있었다.

내각제 도입과 자유당에서 민주당 집권으로의 변화가 4·19가 만든 거의 모든 결과였다. 그것은 '못살겠다!'로 시작된 4·19가 표출한 국민의 염원이나 근대적 산업 사회로의 돌파구와는 커다란 차이가 있었다.

결론적으로 내각제와 민주당 집권으로 귀결된 것은 4·19 정신과도 반하는 것이었다. 4·19가 대통령과 총리를 분리하고 실질적 통치는 내각 총리가 맡는 내각제 도입으로 귀결된 것은, 4·19가 좌절되고 실패하는 길로 접어든 것일 수도 있었다. 권력 교체가 있었지만 그것은 4·19가 표방했던 기득권 내지 기성 정치 세력의 대대적 교체란 기준으로 본다면 집권 정당만 바뀐 것이지 실제로는 동일한 인물들이나 마찬가지였기 때문이다.

그랬기에 민주당에 대한 유권자 지지도 불과 85만 표 증가에 그쳤고, 그 후 민주당 집권을 붕괴시키는 5·16 군사정변에도 민주당 체제에 대한 국민의 적극적 옹호는 일체 보이지 않았다. 근대화를 향한 책임 있는 자세에 자유당과 민주당 정부 간의 차이가 없다는 것이 명확했기 때문이다.

흔히 언급한 바대로, 4·19가 급격한 정치 변혁을 의미했던 '민주 혁명'이었다면, 4·19로 만들어진 정부는 민주 개혁과 민주주의와 관련된 과제에 대한 대대적 실천에 나섰을 것이다. '민주 혁명'에도 불구하고 내각제 도입과 권력 교체만으로 축소된 것은 4·19 '민주 혁명'의 한계와 수준을 말해준다.

더구나 4·19로 집권이 가능했던 제2공화국과 민주당 정부는 전혀 4·19의 혁명적 의의를 부각하거나 기리지 않았다. 오히려 민주당 정부의 과제 설정과 목표는 매우 명확하고도 일관되게 '민주 혁명' 대신 '경제건설'을 지향하고 있었다. 민주 개혁이나 정치 개혁에 대한 과제 설정과 추진은 전혀 나타나지 않았다.

내각제 하의 제4대 대통령에 선출된 윤보선 대통령은 1960년 8월 13일 취임사에서 "정부의 시책은 무엇보다도 경제 제일주의로 나가야겠고… 인내와 절제 그리고 창의와 노력이 요청되는 바"라고 제시하였다.

4·19로 만들어진 정부는 '경제 제일주의'를 지향하는 정부라는 점을 제시하였고, 당시 그 누구도 그것이 절대 과제라는 것을 부정할 수 없었다.

되돌아보면 4·19는 신생 독립국이자 민주공화제로 출범했지만, 높았던 기대만큼 경제 발전이나 삶의 수준에서 변화가 없는 암울하고 답답한 상황에 대한 민족 염원의 분출이었다. 다만 그것은 기존 세대와 기존 정치 권력에 대한 불만과 항거로 나타났을 뿐이었고, 혁명적 변화를 지향하거나 혁명적 대안을 찾을 수는 없었다.

그런 면에서 근대화를 염원하는 4·19 혁명을 추진하는 힘은 1956년부터 시작되었다. 1956년 대통령 선거에서 신익희를 후보로 내세운 민주당이 내걸었던 '못살겠다, 갈아보자!'는 구호는 전국을 뒤흔들었다. 현상의 타파였고, 그 현상의 본질은 빈곤과 실업을 타파할 체제를 갈구하고 있었다.

이는 4·19에 따른 7·29 재선거로 들어선 민주당 윤보선 대통령이 취임사에서 4·19로 만들어진 제2공화국과 민주당 정부의 과제를 '빈곤 해방의 기점'을 만드는 것이라 하고, 빈곤을 극복하는 것이 '젊은 학도들이 흘린 고귀한 피의 값'을 보상하는 길이라고 규정한 것에서도 명확히 알 수 있다.

　이제는 국민이 잘 먹고 잘살 수 있는 경제적 자유를 마련하지 않으면 안 되겠습니다. 경제적 자유에 뿌리를 박지 않은 정치적 자유는 마치 꽃병에 꽂힌 꽃과 같이 곧 시들어지는 것입니다.

　4·19 혁명으로 들어선 윤보선 대통령의 취임사는 혁명이 아니라 경제건설과 경제 제일주의, 그리고 '빈곤 해방'에 있다고 반복하였다. 마치 5·16 이후 박정희 대통령이 했던 주장과 거의 차이가 없었다. '정치적 자유'를 우려하며 '경제적 자유'를 뿌리내리는 것이 번영된 나라를 만드는 기틀임을 분명히 하였다. 윤 대통령은 4·19가 민권(民權) 탈환이었다는 의미 부여와 함께 취임사 대부분에서 신정부가 '빈곤 해방'을 위한 과제를 수행하는 것에 있고, '내각 수명(壽命)'만이 아니라 '국가 운명(運命)'이 달려 있다는 절박함을 밝혔다.
　'경제적 자유'가 뿌리내리는 '경제 제일주의'가 4·19로 만들어진 정부의 시책이자 당시의 시대적 과제였다. 정치 문제가 아니라 번영과 번영을 위한 '경제적 자유'를 만드는 것이 4·19가 제기한 과제를 실현하는 것임을 역설했고, 경제건설에 모든 국민의 적극적 참여를 호소하였다. 그런 호소의 내용은 1년 뒤에 펼쳐진 5·16 이후 박정희 정부가 호소한 것과도 전혀 차이가 없었다.

4·19가 근대화를 향한 민족의 궐기(蹶起)가 아닌 '민주주의 혁명'이었다면, 민주 혁명에 걸맞은 혁명 정부의 과제가 나열되고 추진되었을 것이다. 그러나 4·19 이후 민주 혁명적 내용으로 평가되어 제시할 만큼 민주주의적 변화나 제도 도입에 해당되는 것을 찾을 수 없다. 또한 4·19로 출범한 민주당 정부도 그렇거니와, 4·19에 참여했던 학생과 국민들도 결코 그런 별도의 민주적 과제의 실현을 요구한 바가 없다.

왜냐하면 대부분의 민주적 과제는 이미 1948년 대한민국의 민주공화제 도입으로 혁명적 수준으로 출발하여 정착되어가고 있었기 때문이다. 의회 민주제 도입과 사법부 독립, 전면적 자유선거 등은 물론, 여성 투표권과 1952년 지방자치제 도입까지 신생 독립국으로는 극히 예외적 수준의 전면적인 민주제도가 작동했다. 그같은 현실에서 추가적으로 요구하여 관철시킬 민주제도란 별달리 있을 수 없었다.

따라서 이승만 정부의 정치적 임무가 완수됨에 따라 이제부터는 새로운 경제적 번영 질서를 만들 수 있는 계기를 삼은 것으로 4·19의 의미는 실현된 것으로 보았다. 그랬기에 민주당 정부는 재건(再建)과 빈곤 해방을 과제로 제시하였다. 1945년 일제로부터의 민족

해방과 주권국가 건립 이후 10여 년이 지난 이후부터는 빈곤 해방으로 민족적 과제가 집약되어 있었고, 그것이 모든 국민의 염원이었다.

4·19 혁명도 그런 체제를 만들기 위한 노력의 일환이었다. 따라서 4·19 이후의 민주당 정부도 오히려 정치적 과잉 기대와 무질서의 혼란으로 가지 않게 하고자 노력했으며, 경제건설과 재건에 민족적 역량이 집결되고 있지 않는 상황을 우려했다. 4·19 후 통치 중심이 된 내각수반 장면 총리의 첫 취임 및 시정 연설의 내용도 매우 명확했다.

당면한 민족적 과제인 경제적 건설을 수행해야 할 중대한 책임을 통절하게 느껴마지 않는다.

경제건설이란 민족적 과제에 모두가 나서자는 장면 정부 수반의 호소는, 5·16과 박정희 정부의 문제 인식과도 정확하게 동일했다. '당면 민족적 과제' 혹은 '경제건설'과 '빈곤 해방', '경제 제일주의' 등은 결코 5·16 이후 박정희 정부의 지향 과제가 아니었다. 민족적 과제로 경제건설을 강조한 것이 언뜻 보면 박정희 정부가 내건 것으로 착각할 정도이지만, 분명 그것은 4·19 혁명과 4·19로 만들어진 장면 정부의 과제였다.

당연하고도 자연스럽게 경제주의에 입각한 경제건설과 국가 재건은 4·19 이후 민주당 정부의 최고 목표이자 과제였다. 경제 제일주의는 국토 건설로 나타났고, 국력을 모아 대규모 국토 건설 사업을 추진하겠다는 민주당 정부의 최우선 프로젝트로 투영되었다. 박정희 정부의 경제발전 5개년 계획의 수립이 이승만 정부는 물론 4·19 이후 장면 정부에서도 진행된 것은, 4·19가 가난 극복 및 빈곤 타파라는 민족적 과제의 연장선에 있었기 때문이다.

그런 의미에서 근대화된 번영 국가를 만드는 것은 민주공화제가 도입된 이후 한국 사회에 부여된 다음 단계의 민족적 염원이었고, 4·19와 5·16은 모두 그 연장선에서 전개된 것이다.

장면 민주당 정부는 1960년 12월 28일, 국토건설본부를 설치하고 그 본부장을 국무총리가 직접 맡았다. 에너지 발전 사업을 위해 소양강댐을 비롯한 각종 댐 건설과 도로 건설 계획을 구상했다. 국토건설본부는 민주당 정부의 최대 프로젝트였고, 시읍면(市邑面) 단위까지 지방위원회를 두었다.

이승만 정부에서 1955년 부흥부(復興部)가 만들어졌지만, 부흥부는 오히려 4·19 이후에 가장 각광받는 정부의 핵심적 역할을 담당하는 부서가 되었다. 4·19 이후 부흥부장관이 된 주요한(朱耀翰) 장관의 국가 과제에 대한 인식도 명확했다.

주 장관은 1961년 5월, 필리핀과 대만보다 훨씬 못한 현실을 자탄하면서 "가난은 나라도 구하지 못한다는 것은 옛말이고 이제는 정부가 앞장서서 기아와 궁핍을 몰아내는 세상"이라며 정부의 역할을 강조하였다.

연 2.7%씩 늘어나는 인구를 넘어서 연 5.5% 수준의 경제성장이 추진되어야 할 절박한 필요성을 제시하면서 "5개년 계획을 두 번 하면 겨우 그때는 살게끔 된다"고 주 장관은 밝혔다. 그리고 "국민 경제가 빈사 상태에 놓인 이때 낙망과 무위로 빈곤의 악순환을 거듭하느냐, 아니면 이를 박차고 자조와 봉사의 정신 아래 새로운 건설을 위하여 결연 매진할 것이냐의 갈림길에 있다"고 호소했다. 또한 "국토 건설을 통하여 '우리도 하면 된다'는 생생한 신념을 얻자"며 건설에 국민의 적극적 참여를 역설하였다.[6]

제2공화국 민주당 정부의 국가 재건 프로젝트에 이승만 정부와 거리를 두던 지식인 그룹들이 대거 참여한 것도 근대화를 향한 열망을 잘 보여준다. 당시 지식인의 상징으로 여겨지던 함석헌(咸錫憲)과 장준하(張俊河)와 같은 지식인들도 대거 정부 경제건설 프로젝트에 참여하였다.

내각수반이던 장면이 직접 본부장을 맡은 국토건설본부에는 지식계를 상징하던 잡지 『사상계(思想界)』를 이끌던 장준하도 참여하였다. 장준하는 비판적 그룹에 머물지 않고 정부 주도 건설본부의 기획부장을 맡았다.

『사상계』를 통해 근대적 사상과 정책을 역설하던 그룹인 김영선

---

6 이용원, 『제2공화국과 장면』, 범우사, 1999, pp. 18-27; 「경향신문」, 1961. 5. 15. 주요한 장관 인터뷰 기사.

(金永善), 유창순(劉彰順), 김경수 등은 물론 서울대 사회학과 교수였던 이만갑(李萬甲)은 조사부장, 『사상계』 편집부장이던 신용균이 관리부장을 맡았다. 특히 당시 공개 채용된 2천명이 넘는 국토개발 건설 요원 및 국토건설본부 직원을 대상으로 박종홍(朴鍾鴻) 서울대 교수와 함석헌(咸錫憲) 같은 지식인들은 민족적 과제인 국토건설의 의의를 강조하는 강의에 나서기도 했다.[7]

'하면 된다' '국토 건설' '경제개발 5개년 계획' 등은 박정희 정부의 핵심 사업이었지만 그것은 민주공화제를 만든 이후, 특히 1950년이 후반 이후 민족 모두가 염원하던 차기 과제이자 목표였던 것이다. 4·19 혁명으로 만들어진 정부가 주도적으로 국토 건설을 포함한 건설과 재건 사업을 핵심적 과제로 추진한 것은, 1950년대 후반 및 1960년대 대한민국 국민들이 지향하는 과제와 시대사적 목표를 의미하는 것이다.

4·19로 갓 출범한 민주당 장면 정부가 국가의 최대 과제로 건설과 재건에 심혈을 기울이게 된 것도 바로 4·19를 통해 다시 한번 국가재건과 부흥에 대한 민족적 열망이 명확히 확인되었기 때문이다. 그만큼 4·19 혁명의 과제란 국가적 경제건설과 근대화였고, 4·19로 분출된 근대화의 지향에 모두가 역량을 결집하고자 했다. 그것이 바로 4·19 혁명의 과제이자 의의이기도 했다.

---

7 이용원, ibid.

[3] 민주당 정부의
   반공주의

대한민국은 광복 직후 3년(1945~48) 동안 공산 전체주의와 자유 민주주의 간의 극심한 좌우 대립을 겪으며 민주공화제를 만들어 건국했다. 연이어 1950~53년 동안 전개된 공산 전체주의 침략 전쟁을 겪어내고 나서야 비로소 국가 체제에 대한 합의가 완료되고, 민주공화제를 넘어선 근대 산업화의 단계로 나아갈 수 있었다.

공산 전체주의와 맞서 생존하고 번영해야 하는 한국 사회에서 반(反)공산주의는 확고부동한 국민 합의이자, 4·19 혁명의 기본 이념이었다. 4·19가 반체제적 투쟁이었다거나 자유 체제와 공산 체제를 넘어선 좌우 합작적 남북통일을 지향했던 운동처럼 보려는 논리와 시각은 실제 4·19 혁명과는 아무런 관련성이 없다.

그것은 4·19라는 사건을 활용하고자 하는 집단의 의두 저이고도 작위적인 해석에 불과하다. 1960년 펼쳐진 4·19는 일관되게 공산주의를 거부하는 확고한 반공 체제를 지향하며 출발했고 벗어남이 없었다. 반공주의 체제에 대한 4·19 세력의 확고함은 고려대학교나 서울대학교의 4·18 및 4·19 선언문에도 명백히 나타난다.

4·19를 주도한 대학생들은 공산주의와 싸우며 멸공(滅共) 전선에 섰던 것에 대한 자부심, 그리고 공산주의 적색 전제(赤色專制)와 맞서 투쟁했던 것에 대한 연장선에서 4·19 민주 투쟁이 존재하는 것임을 명확히 했었다.[8]

고대(高大)는… 해방 후에는 인간의 자유와 존엄을 사수하기 위하여 멸공(滅共) 전선의 전위적 대열에 섰으나, 오늘은 진정한 민주이념의 쟁취를 위한 반항의 봉화를 높이 들어야 하겠다.

한국의 일천한 대학사(大學史)가 적색 전제(赤色專制)에의 과감한 투쟁의 구획을 장하고 있는데 크나큰 자부를 느끼는 것과 똑같은 논리의 영역에서 민주주의를 위장한 백색 전제(白色 專制)에의 항의를 가장 높은 영광으로 우리는 자부한다.

고려대 4·18 선언문이나 서울대 4·19 선언문 모두 공산주의 (communism)와 싸워왔다는 것에 강한 자부심을 표하고 있다. 그들

---

8 고려대학교, 4·18 학생 선언문, 1960; 서울대학교, 4·19 학생 선언문, 1960.

에게 4·19 의거는 공산주의를 거부하고 다시 3년에 걸친 6·25전쟁을 겪으며 국가를 지키는데 희생한 분들에 대한 추모와 뜻을 계승하는데 있다는 기본 시각에서 벗어남이 없었다.

또한 학생의 신분이지만 건국 이전인 1945~48년 3년간 신탁통치 반대를 주도하면서 공산제국을 건설한 구(舊)소련 공산 체제에 한국이 편입되지 않게 만든 투쟁의 선두에 섰던 것에 자부심도 있었다.

4·19 의거를 적극 보도했던 〈동아일보〉도 4·19에 따른 무질서를 우려하며 "학생다운 순진성을 지녔더라면 차라리 현 질서를 부정하는 공산분자로 자처하고 나서라"며 4·19를 이용해 대한민국 체제를 부정하는 세력에 경각심을 표출했다.

심지어 가장 혁신적이라는 사회대중당 창당 준비위원회가 4·19 직후인 1960년 6월 17일 채택한 통일 방안을 보더라도, '김일성 일당의 퇴진이 당연히 전제되어야 한다'는 것을 명백히 할 정도였다. 또한 사회대중당조차도 '공산주의자들의 기만적 통일 방안과는 결코 타협하지 않을 것이다'라는 입장을 제시했다.[9]

따라서 4·19 주도 세력은 공산주의의 본질에 대한 확고한 자각과 반공정신을 확고히 하는 것을 4·19 정신의 핵심으로 삼고 있었고, 반공정신을 결코 훼손하지 않았다.

---

9 강만길 외, 『4월 혁명론』, 한길사, 1983, pp. 34-35.

그랬기에 4·19 혁명의 격랑 시기에 이승만 하야 이후 민주당 신정부가 들어서기 전 과도내각을 맡았던 허정(許政) 수반은 과도내각이 출범하며 밝힌 '5대 시책'을 통해 내각의 반공 정책을 명확히 했다.

4·19 혁명으로 만들어진 과도내각의 '5대 시책'의 첫째가 바로 반공주의 정책을 한층 더 견실하게 진전시키겠다는 것이었다. 반공 정책은 4·19 주도 세력은 물론 국민 보편적 합의였지, 결코 이승만이나 박정희 대통령이었기에 별도로 추진했던 정책이 아니었다. 또한 과도 정부 첫째 항목도 4월 혁명에서 미국의 역할을 내정 간섭으로 비판하는 세력을 이적(利敵) 행위로 엄히 다스리겠다는 것이었다.

반공주의를 확고히 하며 동맹 우방국인 미국과 함께 하겠다는 것은 4·19 이후에도 변함이 없었고, 그것이 4·19의 기본 정신이었다. 그런 연장선에서 4·19 이후의 헌법 개정과 7·29 총선으로 집권당이 된 민주당 정부는 국가보안법을 강화하고, 공산주의를 추종하는 용공분자(容共分子)들에 대한 수사에 더욱 박차를 가했다.

그만큼 이승만 정부나 민주당 정부, 또 5·16 이후 모든 정부에서 반공 체제에 대한 확고한 일관성은 굳건히 지켜졌다. 마치 4·19는 공산주의 혹은 사회주의와 타협하였는데 박정희 정부 이후 반공 노선을 확고히 한 것도 아니었다. 4·19는 공산주의에 대한 확고한 대응이라는 기존의 국가적 방침에 전혀 흔들림이 없었다.

그럼에도 마치 4·19가 반공 이념을 부정하며 북한과 합작하고 통일 운동에 나선 것처럼 본다면, 그것은 4·19와 전혀 관련 없는 허구적 사실을 가지고 4·19 정신과 민주당 정부를 모독하는 것이다. 그것은 마치 4·19가 좌파운동이었던 것처럼 의도적으로 만들려는 왜곡적 시각이 빚어낸 산물이기도 하다. 대한민국 기본 체제를 부정할 목적으로 있지도 않았던 사실로 마치 반공을 거부하고 친공(親共) 내지 사회주의를 지향했던 것이 4·19 이념이었다는 선전 논리를 펼쳐왔다.

물론 광복 이후나 전쟁 기간에 한국에 자유민주 질서가 만들어지는 것을 반대하고 공산주의의 길을 지향했던 세력이 있었듯, 4·19에 따른 사회 혼란을 이용하여 공산주의에 동조하는 주장을 펼친 세력은 당연히 존재했다.

그러나 사회 변동적 상황을 활용하여 그런 주장을 펼치는 세력이 있었다는 것으로 4·19의 기본 성격을 훼손할 수는 없는 것이다.

확고한 반공 체제를 견지했고, 그것은 장면 민주당 정부도 마찬가지였다. 그랬음에도 4·19가 근대화를 지향한 혁명적 의미를 부정하고 4·19를 좌파 논리로 왜곡시켜 북한 전체주의와의 좌우 합작을 지향했던 운동인 것처럼 변형시킨 것은, 1980년대 좌파 학자들의 학술 투쟁적 결과일 뿐이다.

마치 4·19 이념이 지향했던 방향이 좌익적 사회의 구현이었고 4·19 수도 세력도 공산주의와 좌우 합작적 통일을 지향했는데,

5·16 쿠데타로 성공하지 못하게 되면서 '좌절된 혁명'인 것처럼 왜곡된 논리를 확산시켜온 결과이다. 그것은 현실과는 전혀 관계가 없는 것이다.

그런 왜곡된 사실과 다른 논리를 창출하고 대중적으로 전파한 대표적 극좌파적 학자들이 바로 강만길(姜萬吉), 고영복(高永復), 박현채(朴玄埰), 김진균(金晋均), 백낙청(白樂晴), 한완상(韓完相) 등이다. 1990년대 들어서 비로소 북한의 고정 간첩으로 확인된 서울대 사회학과 교수 고영복은 말할 것도 없고, 1980년대 초반 이후 강만길 교수는 일관되게 4·19를 '민중봉기'라고 주장하며 4·19를 민중에 의한 계급 투쟁적 성격임을 부각시켜왔다.[10]

근대화를 지향했던 4·19를 민중 봉기라는 체제 혁명으로 성격을 변형시켜온 대표적인 인물인 강만길은, 미국에 의한 군정 체제를 '점령군'이라는 표현으로 반미(反美) 의식을 부각시키면서 "점령군의 자세로 들어온 미국군의 군정 아래서 통일 민족국가 수립 운동이 좌절되고 분단 체제가 고정화함으로써 민주주의 운동은 또다시 벽에 부딪히게 되었다"며 사실과 정반대의 내용을 학문이란 이름을 빌어 왜곡 선전해왔다.[11]

그런 강만길의 논리적 귀결은 일본 제국과 태평양전쟁을 수행하여 일본 군국주의를 패망시키고 일본의 식민지 상태에 있던 동아

---

10 강만길 외, ibid.
11 강만길 외, ibid.

시아 전역에 대한 해방군으로서의 미국의 존재를 근본적으로 부정하는 것이다.

일제로부터 해방을 가져다준 미국이 아니라, 점령군으로 들어와 통일을 좌절시키고 민족 분단을 만든 책임 국가로 미국을 설정하는 것은 전형적인 공산주의 혹은 소련과 북한의 논리를 그대로 반복하는 것으로, 공산주의적 통일로 가지 못했다는 것에 대한 실망일 뿐이다. 또 그런 논리는 한국 사회에서 진행된 민족적 염원과 4·19 혁명 정신을 본질적으로 왜곡시킨 것이다.

또 다른 서울대 사회학과 교수였던 김진균도 1989년 "4월 혁명은 자주적인 평화 통일 원칙을 부활시켜 주었으며 봉건적 유산과 식민지 유산을 청산하고 민주 변혁의 정당한 방향을 지시해주었다"[12]는 논리를 펼쳤다.

그는 "5·16 군부 쿠데타는 4월 혁명이 제시하는 역사적 과제에 반동적(反動的)으로 대결해 나오는 것"이었다고 규정짓고 있다. 그것은 4·19와 5·16을 상호 대립적이고 대결적인 것으로 만들어내면서, 4·19가 마치 '자주적 평화 통일'이라는 통일 운동적 위상을 갖는 것처럼 왜곡해냈다.

더 나아가 북한 전체주의 체제의 논리를 대표적으로 옹호해온 백낙청은 당시 4·19 이후 들어선 민주당 정부도 '민족사의 흐름을

---

12 김진균, 「4월 혁명의 올바른 계승을 위해」, 『말』 (제34호 1987. 4).

외면하다가 자멸'한 정권이라고 혹평하였다. 백낙청은 4·19는 '이승만 시대의 대외 의존적이고 반민중적 성격에 대한 국민의 단죄'였다며, 민주당 정부도 4·19를 배반한 것은 물론이고 더 나아가 5·16도 4·19 운동을 급격하게 단절시켰다고 비난한다.

그런 논리들은 북한 전체주의가 자유민주적 대한민국의 주권을 부정하는 역사 해석 논리와 궤를 같이 한다.

4·19와 관련된 북한 전체주의가 발간해온 역사 관련 서적들과 궤를 같이 하고 있을 뿐이지, 실제 그런 논리를 입증할 어떤 구체적 근거는 찾아내지 못했다.

그들은 북한이 4·19를 미국 제국주의와 미 제국주의 앞잡이라고 본 이승만 정부가 미국의 식민 통치를 대리해온 것에 대한 원한과 분노의 폭발이자, 4·19는 광범위한 군중이 참여한 대중적 반미 구국 항쟁이라고 규정짓고, 또 그렇게 보도록 만들고자 했다.

실제로 북한 전체주의는 4·19는 인민 봉기이자 '반미 구국 투쟁에서 이룩한 첫 승리'라고 기술한다.[13] 달리 말하면 북한이나 1980년대 광범위한 한국 내 좌파 학자들에 의해 4·19 혁명은 갑자기 미국에 대항하는 반외세 투쟁이고, 북한과의 통일 투쟁이며, 독재에 맞섰던 인민 민주주의 투쟁으로 전환되어왔던 것이다.

그 목적에 따라 4·19는 민중 민주 투쟁이고 5·16은 4·19에 정면

---

13 김한길, 『현대조선역사』, 일송정, 1983, pp. 452-460.

으로 반하는 독재국가를 만들기 위한 쿠데타라는 대비적(對比的) 구도를 정형화하고자 해왔다.

그런 논리의 연장선에서 4·19는 근대 체제와 번영 국가를 지향하는 민족 운동이었음에도 계급적 민중 투쟁이자 사회주의를 지향하는 통일 운동이었다는 궤변을 만들고, 공산주의 확산이라는 연장선에서 한국 사회를 보고자하는 목적의식적 활동의 결과로 왜곡되어 왔다.

만약 4·19가 인민에 의한 계급 투쟁적 민중 운동이고 북한과 통일하자는 식의 통일 운동이었다면, 4·19로 탄생한 민주당 정부가 그런 4·19 정신을 받들지 않을 수 없었을 것이다. 그리고 민주당 정부 집권 이후 주요 정책 과제나 정부 방침으로 나타났어야 맞다.

4·19가 계급 투쟁적 민중 혁명이고 좌우 합작적 남북통일로 가자는 것이었다면, 4·19로 집권한 민주당 정부는 공산주의와의 합작을 추진하거나 최소한 반공 정책을 폐기했을 것이다.

그러나 허정 과도정부는 물론, 장면 민주당 정부는 더욱 확고하게 반공주의를 견지했고, 미국의 원조 감소에 따른 경제 침체와 사회 불안정을 극복하기 위한 미국과의 관계 강화라는 방향에 그 어떤 변화도 없었다.

더군다나 4·19가 반공 체제를 부정한 것이었다면 공산주의와 싸우며 피를 흘리고 희생해온 군(軍)이 주도했던 5·16 세력과 박정희 정부가 그토록 4·19 정신을 강조하며 받들었을 리도 없다.

물론 4·19는 자유주의 및 민주주의를 기본 이념과 가치로 삼았다. 그랬기 때문에 반공 체제를 견지한 것이다. 자유를 지향한 4·19 이념이 공산 독재를 반대했던 확고한 기본 입장처럼, 4·19로 만들어진 장면 정부도 반공 체제를 명확한 과제로 삼고 당면한 공산주의 위협을 극복하고자 노력했다.

특히 장면 정부는 4·19라는 혼란을 이용하여 사회 내 좌익 세력이 준동하는 것을 경계하고 극복하고자 했다. 알려진 바와 같이 민주당은 1948년 이래로 한국민주당과 민주국민당을 계승한 정치 세력이다. 전통적으로 농업과 토지를 기반으로 교육받거나 유학했던 엘리트층이 중심된 정당이기도 했다.

민주당은 오히려 이승만의 토지 개혁을 가장 강하게 반대했던 한국민주당을 계승한 정당이다. 이승만 정부나 자유당보다도 보수적 정책을 지향해왔다. 부통령을 역임했던 김성수(金性洙)와 장덕수(張德秀), 장택상(張澤相)은 물론, 1956년 대통령 후보였던 신익희와 1960년 대통령 후보였던 조병옥(趙炳玉)은 모두 민주당의 중심적 인물이자 반공의 선두에 섰던 인물들이다.

4·19 혁명으로 집권한 민주당은 한국민주당이 창당될 때부터 보수주의적 우파이면서 반공적 입장을 명확히 해왔다. 예를 들면 제4대 대통령 선거 때 민주당의 대통령후보였던 조병옥은 1948년 제주 4·3사건이 발생했을 때 그것을 공산주의자들의 반란으로 규정짓고, 가장 선두에 서서 남조선로동당(南勞黨)의 폭동을 진압하

였다.

남로당의 4.3 폭동은 유엔(UN) 주도의 대한민국 정부 수립을 저지하고 북한의 전체주의 체제의 성립을 지원하기 위한 공산주의자의 폭동임에 의문에 여지가 없다.

그러한 인식에서는 제주 4·3사건이나 여수·순천 군사반란을 공산주의를 지향하던 남조선로동당에 의한 좌익 반란으로 규정한 함석헌 옹이나, 김대중(金大中) 전(前) 대통령의 기본 인식과도 전혀 차이가 없었다.[14] 한국민주당과 민국당 혹은 민주당으로 이어져 계승된 보수 정당이기도 했지만, 4·19에 기반해서도 민주당은 반공에 대한 기본 입장에 변화와 차이는 없었다.

4·19와 민주당 정부는 모두 반공을 확고히 했고, 이승만 정부의 반공 정책을 계승했으며, 반공 체제를 더욱 강조했다. 그 어떤 측면에서 보더라도 공산주의 문제 혹은 반공 정책과 관련된 입장에 대해서는 이승만 정부와 민주당 정부, 그 이후의 5·16 박정희 정부와도 커다란 차이가 있지 않았다.

그런 면에서 4·19 주도 세력이나 4·19 이후의 민주당 정부 모두 반공 정책에 문제를 제기하지도, 이승만 정부의 반공 정책에 도전한 것도 아니었다. 5·16 이후에도 반공 정책은 일관되게 지속되었다.

---

14 함석헌, 『뜻으로 본 한국역사』, 한길사, 2003, pp. 425-430. 함석헌은 현재 북한에 들어선 김일성 독재체제의 기원과 관련하여 "마적(馬賊)질 해먹던 것들이 하룻밤 사이에 해방군이라 하며 말썽을 부리게 될 줄은 상상조차 못하였다"고 기록하고 있다.

만약에 4·19 정신이 반공이 아닌 공산주의를 용납하자는 용공 (容共) 내지 좌우 합작적 공산주의 우호적 입장에 있었다면, 4·19 이후 선거에서 반공주의와 거리가 먼 사회주의 계통의 정당 후보들이 대거 당선되고 정치 전면에 등장하는 것으로 나타났을 것이다.

앞에서 거론했듯이 사회주의와 관련성을 갖는 사회대중당, 한국사회당, 사회혁신당 등 진보 계열 정당은 오히려 4·19 이후 거의 절멸하였다. 1956년 진보당 조봉암이 대선 후보로 얻었던 216만 표도 4·19 이후에는 사라졌다. 소위 진보 계통의 사회대중당은 무려 129명의 후보를 냈지만 참·민의원 모두에서 불과 7명이 당선되어 진보 계열은 완전히 몰락했다.

한국 학계와 언론계가 4·19혁명을 사회주의와의 좌우 합작, 혹은 급진적 사회를 지향했었다는 주장한 것과는 정반대로 오히려 진보 계열의 몰락이었다. 반공 체제의 균열을 만들고자 시도한 일부 공작과 시도를 제외한다면, 반공 체제의 균열이라고 할 만한 그 어떤 변화도 없었다. 4·19 혁명 정신은 철저하게 반공을 강화하자는 것이며, 그 기본 가치에서 흔들린 적도 없었다.

[4] 민주당 정부의
번영 민족주의

독립 국가의 출범 이후에도 계속되는 빈곤과 전쟁 참화를 극복하고자 하는 국민적 노력에도 불구하고 미국의 원조에 의존해야 하는 현실을 겪으며, 한국 사회 전반에 번영 사회를 염원하는 의지는 축적되고 있었다. 특히 1956년 대통령 선거라는 계기에서 전 민족적 염원이 담긴 선거 구호는 '못살겠다, 갈아보자!'로 나타났다.

그 외침은 1950년대 후반과 1960년대 중반까지 한국 사회를 가장 통렬하게 강타했던 구호였다. '못살겠다'라는 것은 흔히 거론되는 독재와 정치 탄압과는 거리가 멀었다. 가난과 기아가 계속되는 삶, 계속되는 전통적 농업 사회, 그리고 교육받은 계층의 형성에도 불구하고 갈 곳 없는 광범위한 실업의 문제에서 비롯된 것이다. 그것은 독립적 국가 주권 체제가 어느 정도 안정적으로 확립되면서 전근대적 사회에서 나타나는 자연스런 요구이기도 했다.

제2차 세계대전이 종결된 이후 세계사적 방향은 새로운 독립국의 출현과 새로운 주권국가 체제의 확립이었다. 물론 신생 독립국의 대규모 출현 과정에서 가장 커다랗게 국민 통합적 기능을 한 이데올로기는 거의 대부분 민족주의(nationalism)였다.

민족 단위의 주권국가가 만들어진 상황에서 민족의 독립·단결·번영을 지향하는 민족주의는 독립 국가를 결속시켜내는 대체 불가능한 이념으로 작용했다. 1960년을 전후한 시기 대부분의 신생 독립국과 개발도상국들은 나라를 불문하고 민족주의적 사고가 강했다.

한국에서도 광복 직후인 1945년 12월 모스크바에서 미·소(美蘇)에 의한 5년간의 신탁 통치가 결정되었을 때, 그것을 거부할 수 있었던 힘은 명백히 민족주의 투쟁이었다. 일본의 지배로부터 벗어나겠다는 독립 민족주의의 연장선에서, 이번에는 미·소의 지배, 특히 공산 제국주의의 지배를 받지 않겠다는 차원의 민족주의 투쟁이 바로 신탁통치 반대 투쟁이었다.

1946년 초부터 본격 전개된 신탁 통치에 대한 찬반 투쟁 때도 구소련의 공산주의 확산을 용인하자는 측은 공산(共産) 진영이라 불렸고, 공산주의를 거부하는 독립된 주권국가를 지향하는 측은 민족(民族) 진영으로 불렸다.

결국 공산 진영과 민족 진영의 대결 결과, 소련의 공산 지배를 받아들인 한반도 북부는 공산주의로 남았고, 한반도 남부는 민족주의의 길을 걸을 수밖에 없었다. 한반도에서 공산주의 지배를 수용할 것이냐, 민족국가의 길로 갈 것이냐의 3년간(1945~48)의 대결과 다시 연이은 또 다른 3년간의 6·25전쟁(1950~53)에도 불구하고 한반도에서 그 대립은 지금까지 계속되고 있다.

민족주의는 대부분 두 가지로 나타났다. 하나는 식민 지배를 종식하고 스스로 통치하게 된 상황에서 펼쳐진 반(反) 외세적 성향으로 나타났다. 다른 하나는 민족 스스로 통치를 시작하면서 다른 나라 혹은 다른 민족보다 더 번영함으로써, 자신들의 민족 내지 민족국가가 더 우월하거나 더 큰 힘을 가졌다는 것을 입증하거나 과시하는 형태로 나타났다. 초기 민족주의는 대부분 저항 민족주의로 나타났지만 점차 번영 민족주의로 전환되어 갔다.

식민 지배로 다른 민족에게 주권을 침탈당하고 스스로 통치할 기회를 잃었던 민족국가들은, 새롭게 스스로 통치할 기회가 생긴 상황에서 민족 위상의 강화와 민족의 번영을 지향하는 민족주의가 매우 자연스런 흐름이었다.

식민 지배 하의 민족주의는 지배국으로부터의 독립을 지향하는 형태로, 다시 공산 제국주의의 지배가 덮쳐왔을 때는 공산주의로부터의 독립을 지향하는 형태로 나타났다.

민족주의는 대외적 관계에 따라 민족 독립과 결속을 지향하는 것일 뿐 특정한 방향성을 가진 것은 아니었다. 그 결과 민족주의를 활용하여 대외 고립과 폐쇄주의로 간 나라도 많았으며, 봉건주의를 만든 나라도 많았다. 또한 서유럽으로부터의 독립을 계기로 서구에 대한 증오를 동원하여 반(反) 서구 독재를 만들기도 했고, 공산주의적 전체주의로 민족을 몰아간 나라들도 많았다. 그러나 반식민, 반공산을 넘어 번영 지향적 민족주의로 갔다는 것이 바로 4·19 혁명이 갖는 위대함이기도 하다.

이승만 정부는 물론이고 4·19와 민주당 정부에서도 민족주의의 방향은 반공산주의를 견지하면서 번영 지향적 민족주의로 나아갔다. 반외세 폐쇄 체제나 봉건주의로 가지 않고 독립된 민족국가를 이룬 후에는 급격하게 민족의 번영과 발전을 지향하고, 다른 선진국들을 따라잡자(catch-up)는데 민족 역량을 결집시키자는 민족주의를 지향하였다.

식민 경험에도 불구하고 극도의 반일 민족주의나 폐쇄적 고립주의로 가지 않고, 민족의 발전과 위상 강화를 지향하는 방향으로 수렴되었다. 특히 몇 십 년의 식민 지배를 직접 겪어본 일본과의 비교, 미국 문화와의 지속적이고도 많은 접촉을 통해 일본의 산업과 번영, 나아가 미국의 문명 수준과 삶의 질을 접하게 된 이후부터는 민족주의의 본질은 이미 민족 번영으로 나아갔다.

그런 면에서 이승만 정부는 민족주의보다는 자유주의와 민주주의를 중시했고, 반일 민족주의 외에는 민족주의란 동력을 활용하거나 이용하지 않았다. 그것은 민족주의보다는 보편 가치와 국제주의적 사상이 강했던 이승만 정부의 특징이기도 했다.

이승만 정부를 하야시킨 4·19 세력과 민주당 정부는 공통적으로 보다 더 민족의식의 고양을 지향하였다. 그것은 4·19로 등장한 4·19 세력의 민족주의와 자연스럽게 결합되었지만, 그것은 번영 지향적 민족주의로 결집되었다.

비록 '민족 혁명'이란 표현은 자주 언급되었지만 서구적 교육을 받아온 지식 계층을 중심으로 전개된 4·19는, 다른 신생 독립국들이 걸어간 고립적 폐쇄 국가 혹은 민족을 내세운 봉건 체제 혹은 반(反)서구주의를 결코 지향하지 않았다. 민족의 비참한 상황과 좌절을 극복히고 민족의 근대화와 번영 및 민족의 위상을 높이는 방향으로 나타났다.

자칫 정치적 격변이 반외세적인 폐쇄적 과격함으로 빠져들게 되는 경우가 많았음에도, 4·19는 결코 그 길을 가지 않았다. 무엇보다도 4·19로 나타난 민족적 염원은 누적된 민족적 무능과 좌절을 극복하고자 하는 방향으로의 분출이었다.

4·19 과정에서 나타난 성명과 문서 혹은 격문(檄文)을 보면, 그것은 전반적으로 오랜 기간 한국 사회에 누적된 무기력과 무능에 대한 통탄(痛嘆)이었다. 새로운 나라를 건설한 이후 10년이 넘어갔는데도 계속되는 암울한 현실에 대한 분노이자 돌파구의 모색이었다.

나라와 민족의 수준이 이 정도밖에 되지 못하는 상황에 대한 반성을 토대로 기성 체제, 즉 기성 세력과 기성 권력의 자각을 요구한 것이었다. 특히 4·19로 대변된 당시 한국 민족주의의 성격은 저항적 민족주의를 넘어 민족근대화와 번영에 집결되었다.

연세대학교 대학신문인『연세춘추』도 '4·19 혁명은 근본적인 민족 혁명이자 정신 혁명'이며 '봉건적이며 후진적인 악의 세력'을 일소하는 혁명이라면서 민족의 정신 혁명을 촉진시키는 이념이 보급되어야 한다고 호소하였다.[15]

명확하게 4·19는 민족의 근대화와 연계되어 있다. 1956년 선거로 표출된 빈곤 극복 과제를 민족주의적 방향으로 극복해보고자 하는 시도였다. 4·19는 민족적 열망의 분출이었고, 그 방향은 민족 위상의 도약을 지향하는 민족주의에 바탕하고 있었다. 가난 극복과 사회의 성숙, 그리고 민족 위상의 제고라는 일관된 방향 끝에 4·19로 분출된 것이다

4·19란 정치적 격동을 계기로 민족 계몽과 민족 재건이란 방향으로 사회적 합의가 모아졌다. 민족적 차원에서 근대화란 목표로 집약된 것이다. 특히 1950년대 말 미국으로부터의 원조액의 감소는 민족적 위기의식을 더욱 크게 불러일으켰다. 1957년을 기점으로 원조액이 3억 8천만 달러에서 1959년에는 2억 2천만 달러로 무려 1억 6천만 달러나 줄어들었다.

1957년도 한국 총생산액(GDP)이 17억 달러 전후에 불과했던

---

15 연세대학교,『연세춘추』, 1961. 5. 2.

수준이었기에 총생산액의 10%에 달하는 미국의 원조가 감소한다는 것은 국가 재정적인 면에서는 치명적인 것이기도 했다. 원조 감소에 직면하여 자주 경제와 자주 국방을 내세우며 민족이 독자적으로 서는 것에 대비해야 한다는 절박함이 요구되던 시기였다.

따라서 4·19를 계기로 한 민족주의의 발현은 민족 위상의 제고와 가난 극복을 내용으로 하는 것 이외에 다른 것이 있을 수 없었다. 식민 경험도 독립 국가를 향한 민족의식을 자극했었지만, 원조 경제와 민족적 침체가 극복되지 않는 상황이 계속될 것이라는 사실은 민족적으로 생존과 번영의 돌파구를 찾는 계기가 되었다.

4·19라는 정치적 격변과 그에 따른 민주당 정부의 출범 이후 민족주의를 내걸면서도 민족주의가 퇴영적 폐쇄적 민족주의가 아닌 번영 지향적 민족주의로 갈수 있었던 것은, 세계적 변화를 절감해 왔던 경험적 산물이었다.

일본에 의한 식민지 경험을 겪으면서 중국이라는 나라는 후진 체제였다는 것을 절감했다. 이제 또 다시 봉건적이고 낙후된 중국이 가는 방향으로 갈 수 없다는 것은 이미 명확했다.

더구나 광복 후 3년간 미군정(美軍政)의 경험은 커다란 충격이었다. 특히 한반도 절반을 장악했던 북한 지역을 점령했던 공산주의 체제인 소련 통치를 경험하고, 다시 1950~53년 3년간의 전쟁을 경험하면서 미국과 소련, 혹은 미국과 중국의 차이는 너무도 명확했고 달리 비교의 대상조차 되지 못했다.

당시 대한민국이 지향했던 방향이란 아시아에서 상대적으로 먼저 근대화가 이루어졌고 미국과 대결에 나서기도 했던 일본의 근대 체제이기도 했지만, 더 나아가서는 그런 일본을 패망시키고 소련 공산주의 체제로 떨어지지 않게 도와준 미국적 국가 체제를 확고한 기본 모델로 하고 있었다.

그것은 적어도 100년 가까운 문명 역사에 대한 비교와 경험의 결과였다. 불과 몇 십년 동안에 한국 사회는 전근대 봉건사회였던 중국주도 질서를 경험해오다가, 제국주의 일본의 식민질서를 경험해야했고, 연이어 공산주의와의 전쟁 및 대결체제를 경험했다. 비교와 경험의 결과가 누적된 상황에서 엘리트층이 주도한 4·19는 폐쇄와 봉건이 아니라, 자유민주적 보편 가치와 번영된 민족국가를 지향할 수 있었다.

한국 사회는 조선시대 개화기와 식민기였던 1880년대부터 약 70여 년의 경험과 광복된 1945년 이후, 6.25 전쟁을 포함한 15년의 역사적 경험을 겪으며 국민 대부분은 강한 민족주의적 의식을 띠면서도 그 방향에 있어서도 더 이상 중국이 가는 방향이나 공산주의 혹은 봉건적 사회로 되돌아가는 것을 허용하지 않았다.

그 결과 국제 보편 가치를 지향하면서도 빈곤과 낙후 상태를 극복하는 근대 지향적 민족주의를 선택했고, 빠르게 민족의 위상을 높이고자 염원하는 번영 지향적 민족주의로 결집되었던 것이다.

마지막으로 4·19 혁명이 내포되었던 민족주의에는 구(舊)체제로 상징되는 기성(旣成) 체제에 대한 저항이 결집되어 있었다. 그 방향은 봉건적 기득권 타파와 함께 대부분은 실업과 빈곤 타파라는 삶의 질 향상과 관련된 것이었다. 기존 권력을 끌어내렸다는 의미에서 4·19를 민주 혁명이라고 평가하고자 하는 의미도 분명 존재했지만, 1960년 3·15 부정선거에 대한 저항과 재선거 요구를 제외한다면 새로운 민주제도의 도입에 대한 열망으로 나타나지는 않았다.

비록 3·15 선거를 계기로 기존 체제의 변화와 대안(代案) 체제를 찾는 과정에서 4·19 혁명의 지향점이 부정선거 규탄이었지만, 그것은 4·19 의거가 전개된 계기에 불과했지 본질적 문제라고 보기 어렵다.

4·19 혁명은 1950년대 후반부터 누적된 무기력한 상황과 무능력한 정부를 보며, 새로운 질서를 만들기 위한 정부 비판과 권력교체라는 계기를 만드는 과정이었던 것이다.

크게 보면 1950년대 후반부터 대두된 두 가지 역사적 사실은 4·19의 방향성을 이미 예정해놓고 있었다.

첫째, '못살겠다, 갈아보자!'는 구호가 전국을 뒤흔들었던 1956년 대통령 선거는 번영 지향적 민족의식을 가장 극명하게 반영하는 첫 시작이자 토대였다. 그런 면에서 4·19는 근대 문명사회를 향한 커다란 흐름의 연장선에서 발생했던 것이고, 그렇기에 단순한 권력교체에 불과했던 민주당 집권과 장면정부에 대한 기대만으로 결코 종결될 수 없는 것이었다.

두 번째는 4·19 이후에 민주주의 제도와 관련하여 변화가 없었고 별다른 요구도 없었다는 사실이다. 이미 설명한 바와 같이 대통령제에서 내각제로, 이승만 정부에서 더 보수주의적인 민주당 장면 정부로 바뀌었을 뿐이다. 민주 혁명이었다면 민주적 제도의 도입과 새로운 체제로 변화가 나타났겠지만 제도는 그대로 계속되었다.

4·19가 동일한 제도와 체제 속에서 여당과 야당간의 정치적 주역만 바뀌며 종결되었다는 것은 결코 정치혁명이 아니었다는 것을 입증하는 것이다. 그러면서도 4·19가 내포한 민족주의란 무기력과 무능에 대한 탈출구를 찾고 비상(飛上)의 계기를 찾으려했다는 것을 말해준다. 특히 집단적으로 조직화된 역량이 부족하고 감성적 연대로 변질될 수 있는 강한 감수성을 가진 젊은 세대와 학생층의 민족주의가 근대화와 번영을 지향했다는 것은, 향후 전개될 한국 사회의 미래를 규정지은 사건이기도 했다.

그럼에도 자유주의적 민족 번영과 국제 위상의 제고라는 4·19 민족주의의 성격을 부정하고, 의도적으로 4·19를 민중 저항운동이나 좌우합작적 통일 운동으로 그 성격을 변질시키고자는 해석과 왜곡된 논리는 의도적으로 한국 사회에 확산되어왔다. 그것은 정치적 목적으로 전개되는 특정 집단의 일관되고도 집요한 체제 부정 활동의 연장이다.

앞서 언급된 바와 같이 4·19를 반공(反共) 체제에 대한 거부였다고 보려는 것도 마찬가지이다. 좌익 빨치산 운동의 당사자이자 민중 혁명을 주장한 박현채는 4·19를 '민족 해방의 실현을 위한 미완의 민중 혁명'이었다고 규정짓고, 그 민중 혁명이 좌절된 것은 관념적 낭만에 기초한 '학생'의 한계도 있었지만 근본적으로는 5·16에 의한 민중 혁명의 좌절 때문이었다고 지적한다.[16]

4·19를 자유주의와 민족주의로부터 공산주의를 향한 민중 및 계급 혁명으로 보고 실패하거나 좌절된 것으로 규정짓는 시도는 거의 극좌파적 시각의 평가였다. 다른 좌파학자들도 마찬가지로 4·19를 '분단으로 단절된 변혁운동을 복원하는 출발점'이었다고 보며 4·19를 좌익 및 남로당의 공산주의 운동과 연결시키고, 4·19가 이승만 하야 투쟁에 머물게 됨에 따라 북한에서 전개된 것과 같은 '체제 변혁'으로까지는 나아가지 못했다는 평가를 해왔다.[17]

명확하게 4·19 혁명이 표출하고자 했던 핵심 메시지는 근대화된 국가를 향한 번영 민족주의가 핵심이다. 배고픔, 빈곤, 실업, 무질서, 기성 사회에 대한 실망, 원조에 의존하는 민족적 비굴함, 사회로 진출할 수 있는 직업의 부재, 정치와 정치인에 대한 불신과 염

---

16 박현채는 4·19를 좌절된 혁명이라고 평가하며, 혁명이란 지배하고 압박하는 자의 정치권력을 무너뜨리고 낡은 사회의 관계의 모순을 청산하고, 새로운 인간의 사회적 관계를 정립시키는 것이라면서 정통적 마르크스 및 공산주의 혁명론을 장황하게 설명하며 혁명의 완성이란 곧 공산주의 혁명이 목표였음을 밝히고 있다.

17 김동춘, 「민족민주운동으로서의 4·19 시기 학생운동」, 『역사비평』, 역사문제연구소, 1988, p. 37.

증 등이 현실적 과제였다. 민주적 제도에 대한 요구도 없었고, 사회주의에 대한 요구도 없었다. 삶의 질 개선을 요구하는 것이었고, 번영 민족주의 외에는 보이지 않았다.

그러나 4·19 혁명이 다른 민족을 배타적으로 한 국수주의나 저항 민족주의는 결코 아니었다. 그것은 강력한 근대화의 열망과 번영을 지향하는 민족주의를 담고 있었다. 그러나 그런 열망이 있다는 것이 곧 성공적인 번영 민족주의의 실현을 이끌어낼 수 있었던 것은 아니었다.

세계 어느 민족이든 강한 민족주의를 내세우는 것으로 그 민족을 성공으로 이끌지는 못했다. 또한 번영을 향한 강한 열망이 있다는 것만으로 번영 사회가 보장되는 것도 아니었다. 근대 체제를 만들고 이끌어가는 일관되고 조직화된 제도와 힘이 없는 상황에서, 민족주의와 번영에 대한 열망과 실제적 성공과 번영의 실현과는 전혀 다른 차원의 문제였다. 그것이 바로 4·19가 맞이한 한계이자 과제였던 것이다.

제 3 장

5·16과
박정희 정부의
과제와 도전

경제건설 계승
반공주의
번영 민족주의

1956년 민주당 선거 포스터 : 못살겠다, 갈아보자!

[1] 경제건설 계승

1945~48년의 광복 및 건국, 1950~53년의 6·25전쟁에 이어 한국 현대사 최대 사건인 1961년의 5·16은 그 전개 과정으로 보면 전형적 군사 쿠데타(coup d'Etat)였다. 무장한 군을 동원한 박정희 소장과 육군사관학교 8기 주축의 소수 군부는 헌정 질서를 중단시키고, 군사혁명위원회를 만들어 민주당 장면 정부를 대체하였다.

쿠데타 주역들은 스스로 군사 쿠데타를 했다는 것을 부정하지 않았다. 또 군사 쿠데타 모델은 프랑스 나폴레옹의 쿠데타와 이집트와 터키 등의 쿠데타를 상정해놓고 있었다.

국내외 언론과 일반 국민들도 쿠데타라 불렀다. 5·16 직후 〈조선일보〉를 포함한 한국의 모든 언론과 세계 언론은 그것을 군사 쿠데타라고 규정지었다. 1961년 5·16 쿠데타의 전개는 박정희와 김종필(金鍾泌)을 비롯한 극소수의 군부 엘리트가 동원한 무력에 의한 것이었고, 쿠데타 군부가 내건 명분은 사회 안정과 반공, 그리고 빈곤 극복 등이었다.

　4·19 학생 정신에 용기를 얻은 5·16 주도 세력은 학생들이 4·19를 용감하게 감행했듯이 5·16을 감행해야 했다고 판단했다. 4·19 의거가 좌절되지 않고 5·16을 통해 결실을 맺는 길을 찾겠다는 의지가 강했다. 5·16 군부가 군사 쿠데타로 지향하고자 했던 것은 4·19를 주도했던 학생과 지식 엘리트층이 내걸었던 방향과 차이가 없었다.

　무엇보다 5·16 주도 세력은 4·19를 계승한다는 것을 분명히 했다. 당시 1961년 5·16 쿠데타 전개와 그 이후에도 5·16 주도 세력은 5·16 쿠데타는 4·19를 부정하는 것이 아니라 그 정신을 계승하는 것이라는 사실을 명확히 했다.

　4·19와 5·16은 모두 기성세대와 기득권에 대한 반감과 부정에서 출발하였고, 주어진 현실이 눈에 띄게 근대적 사회로 변화하지 못하는 현실에 대한 불만과 자괴감에 근거하고 있었다.

　4·19가 기성 세대에 대한 거부와 낙후된 현실에 대한 지식층의 자성이 반영되었다면, 5·16은 기성 체제와 낙후된 현실에 대한 군부의 불만이기도 했다. 그런 현실 인식과 대안의 모색이라는 측면에서는 4·19와 5·16은 동일한 것이었다.

　물론 5·16 쿠데타에는 이승만 정부뿐만 아니라 출범한지 몇 개월 되지 않은 4·19에 따른 민주당 정부에 대한 불만과 문제 제기를 함께 포함하고 있었다. 오히려 쿠데타를 주도한 군부는 4·19가 제기했던 빈곤 해결을 포함한 민족적 문제나 기성 체제의 문제, 혹은 지탄의 대상이 되어온 기성 정치에서의 변화가 전혀 진전되지 않거나 오히려 악화되고 있다는 것에 주목하였다.

그런 면에서 5·16은 4·19를 계승한 것이었다. 그러면서도 5·16은 4·19 혁명과 민주당 정부의 통치 기간에 만연한 사회적 불안정을 극복하고, 안정적 질서 회복을 당면 과제로 완수하고자 했다. 그것은 민주적 제도를 악용하는 혼란과 방종이 '선거'와 '민주'라는 이름으로 용납되어서는 안 된다는 사회적 합의이자, 국민 모두가 원하던 것이기도 했기 때문이다. 4·19 이후 오랜 기간 혼란과 불안정은 국민들이 참을 수 있는 한계를 넘어서서 계속되고 있던 것이다.

이승만 정부를 퇴장시킨 대중 시위와 데모의 힘은 사회 모든 영역에서 광범위하게 나타났다. 법과 제도는 무력화되었고 점점 더 혼란스럽게 확산되어갔다. 짧은 역사를 이어오던 최초의 '의회 민주주의'는 다수의 시위대 앞에 위축되었고, 법과 제도에 의한 문제 해결이라는 민주주의 절차는 붕괴되었다.

중·고등학교 학생들이 파출소를 접수하기도 했고, 초등학교 학생들도 데모에 나설 만큼 데모와 시위 만능 사회에 들어가 있었다. 대중적 시위에 의해 권력과 질서가 무너진 이후 곳곳에서 공권력은 부정당했고, 사회 질서와 권위는 유지되지 못했다. 4·19 이후 선거에 의해 집권한 '민주적' 장면 정부를 '무능한 정부'로 지적하게 된 것은 최소한의 사회질서를 바로잡지 못했기 때문이었다.

결과적으로 국민들은 5·16 군사 쿠데타를 지켜보면서도 최소한 군부에 의해 사회 질서는 안정될 것이고, 북한 공산체제의 공격으로부터 나라를 더 안정적으로 지켜줄 것이라는 기대를 가졌던 것이다.

박정희와 군부가 군사 쿠데타를 통해 명확히 지향하고자 했던 것은 민주주의라는 이름으로 펼쳐지는 혼란과 독재, 혹은 무질서를 바로잡고 안정 속에 근대화와 번영 사회를 지향하겠나는 것이었다. 이는 민주주의란 이름으로 펼쳐지는 혼탁한 선거 혹은 제도화되지 못한 정당 활동, 그리고 직업 정치인들에 대한 부정적 인식을 내재하고 있다.

4·19와 민주당 정부에 의해 만들어진 절제되지 않은 과잉된 이익 표출은 한국의 정치 사회적 제도가 감당하기 어려운 수준이었다. S. 헌팅턴(Hungtington)이 언급한 것처럼 국민은 정부 능력을 요구하고 있었다. 정당 체계와 같은 정치 제도화의 수준을 훨씬 뛰어넘는 정치적 요구가 분출되고, 정치 참여 수준은 급격히 높아졌지만 이를 제도적으로 수용하고 해결하지 못하는 불안정한 상황이 급격하게 만연된 것이었다.[1]

흔히 사용하는 5·16 쿠데타에 대한 장면 총리의 표현대로 '올 것

---

1 새뮤얼 P. 헌팅턴 저, 민준기, 배성동 역, 『정치발전론』, 을유문화사, 1971.

이 왔다'는 것은 당시 최고 지도자의 표현만이 아니라, 국민 대부분이 공감했던 의사 표현이었다. 따라서 무질서와 혼란의 와중에 등장한 쿠데타에 대한 기대와 반감보다는 4·19와 달리 조직적 체계를 갖춘 군부라는 그들이 과연 무엇을, 어떻게 해나갈 것이냐에 관심을 갖고 지켜보고자 했다.

앞에서 언급했듯 4·19로 집권할 수 있었던 민주당 정부가 4·19에 대해 평가했던 것보다, 4·19의 역사적 성격과 의미를 부각시킨 것은 오히려 5·16 세력이었다. 5·16 군부 세력은 이승만 정부나 장면과 윤보선의 민주당 정부나 동일한 것이라는 평가를 갖고 있었다. 대신 5.16 군부는 도덕적이거나 정신적 취지로는 민주당을 넘어 4.19를 근거로 하고 4·19를 계승하고자했다.

4·19를 민주 혁명으로 강조한 것도 장면 민주당 정부보다는 박정희 정부였고, 박정희 대통령만큼 4·19 정신의 혁명성을 강조한 대통령도 없었다. 그것이 바로 1962년 제2공화국 헌법 전문(前文)에 '대한민국은 3·1 운동의 숭고한 독립 정신을 계승하고 4·19 의거와 5·16 혁명의 이념에 입각하여 새로운 민주공화국을 건설'한다는 내용으로 명확히 담겨졌다.

그 이후 1972년 제4공화국 헌법(維新憲法)에도 '대한민국은 3·1 운동의 숭고한 독립 정신과 4·19 의거 및 5·16 혁명의 이념을 계승하고 조국의 평화적 통일의 역사적 사명에 입각하여 자유민주적 기본 질서를 더욱 공고히 하는 새로운 민주공화국을 건설'한다고 되어 있다. 박정희 정부가 주도한 모든 헌법에 4·19를 명시했을 만큼 4·19의 연장선에서 5·16도 있다고 명확히 밝혔다.[2]

박정희와 군부 엘리트들은 근대적 번영 국가를 만드는 과정에 반(反)봉건과 반(反)기득권적 인식을 함께했던 학생 및 지식인의 궐기가 민족주의의·방향을 번영 지향적 역동성으로 전환시키는데 매우 중요한 계기가 된다고 보았다. 민족적 궐기인 4·19가 있었기에 5·16이 가능했다는 판단을 갖고 있었다.

이승만 정부의 자유당이나 윤보선·장면의 민주당이나 이미 모두 구체세의 일부가 되었다고 보았기 때문에 근대 산업국가의 지향을 위해서는 권위적 기득권 체제의 극복 과정에서 불가피하게 넘어서야 할 장애라고 보았다.

그런 면에서 근대 학문을 기반으로 서구적 가치와 근대화를 지향하며, 낡은 기존 체제를 바꾸려는 용기를 보인 4·19 세력에 대해 5·16 세력은 '근대화 혁명'을 함께 할 협력 대상으로 보았다. 군사 혁명위원회 체제 이후, 1963년 민주적 직접 선거를 통해 대통령에 선출된 박정희 대통령은 제3공화국이 4·19 혁명 정신을 이어받은 정부임을 다음과 같이 명확히 밝혔다.[3]

---

2 헌법 전문에서 3.1 독립정신만 남고, 4·19 의거와 5·16 혁명이란 표현이 함께 삭제된 것은 1980년 10월의 헌법 개정에 의해서였다.

3 박정희, 제5대 대통령 취임사, 1963.

독재에 항거하여 민주주의를 수호한 영웅적인 4월 혁명의 영령 앞에 나의 이 모든 영광을 돌리고자 합니다… 4월 혁명에서… 민주주의를 수호하였고, 이어 5월 혁명으로 부패와 부정을 배격함으로써 민족정기를 되찾아, 오늘 여기에 우람한 새 공화국을 건설하기에 이른 것입니다.

박정희와 군부는 기성 정치라는 측면에서 자유당 정부나 민주당 정부가 다를 것이 없다고 보았다. 4·19 학생의 마음과 5·16 군인의 마음이 다를 것이 없다고 보았다.

동일하게 구체제에 해당하는 민주당 정부는 4·19 혁명이 가고자 했던 목표를 더 이상 실현할 능력과 조직을 갖추지 못했고, 민주당 정부의 정치력으로는 4·19 이념을 실천할 수도 없다고 보았다. 무엇보다 민주당 장면 정부는 그들이 내걸었던 경제 부흥을 실현해낼 수 없고, 그것은 4·19가 지향하고 염원했던 것의 좌절이라고 보았다.

5·16 주도 세력과 박정희 정부는 빈곤 극복이 5·16 정부에 부여된 혁명 과제임을 명확히 했다. 그것은 이승만 정부, 4·19 정신, 그리고 장면 정부의 경제 제일주의 과제의 연장선에 있는 것이었다.

가난한 나라를 극복하자는 것은 5·16의 박정희 정부가 남다르게 깨닫고 새롭게 제시한 과제가 결코 아니었다. 그만큼 근대 번영국가에 대한 민족적 염원은 결집된 것이었지만 해결하기 어려운 과제였을 뿐이다. 또한 민족 근대화는 1950년대 전반적으로 관통했던 '못살겠다, 갈아보자!'는 국민적 과제를 부여받고 있다는 사실을 명확히 알고 있다고 천명하였다.

박정희는 1962년에 밝힌 『우리 민족의 나갈 길』에서 자유당 정부와 민주당 정부는 동일한 '쌍둥이'와 마찬가지이며, 광범위한 국민적 빈곤 문제를 극복하지 못했다고 지적한다. 본격적 산업화와 삶의 질 향상으로 나아가지 못하고 전근대적 관행의 지속되는 상황이 바로 정치에 대한 불만의 원인이 되어 있었다. 민주공화제적 이승만 정부가 출범했다는 것이 봉건적 제도와 관행 극복을 의미하지는 않았다.

4·19 의거에 의한 이승만 정부의 해체와 압도적 선거 결과에 따라 출범한 민주당 정부도 국민적 요구로 분출되어온 민족적 무기력과 정부의 무능 문제를 해결할 수 없었다. 군에서 관행적으로 겪어왔던 부정부패와 비합리적 권위구조를 극복하고자 했던 문제제기는 5·16을 기점으로 정치 및 사회 전반에 대한 부정부패 및 비합리적 관행에 대한 거부로 확장된 것이었다.

4·19 학생 궐기에 용기를 얻은 군수기지사령관이던 박정희 장군은 군도 정화되고 정군(整軍)되어야 한다는 취지의 의견을 5월 2일 송요찬(宋堯讚) 참모총장에게 제출하였고, 송요찬 장군은 곧 퇴진했다. 학생이 주도한 4·19 의거라는 용기와 군 내부의 부정부패 해소라는 정군운동에 용기를 얻어 5·16의 씨앗이 잉태된 것이다.

그것은 부패와 무능의 상징이 된 장성들에 대한 정군운동으로 시작되었다. "젊은 희생은 우리나라를 결정적으로 바꿔낸 전환적 에너지였다. 군대 내부도 그런 물결이 꿈틀거렸다", "우리 군은 4·19 정신으로 재정비되어야 한다"[4]는 결의가 확산되기 시작했다.

박정희는 "민주당의 선거 전략 구호였던 '못살겠다. 갈아보자!'라는 구호가 그토록 붐을 일으킨 건 국민 여론이 그것을 강력하게 뒷받침했기 때문이다… 썩어빠지고 무능력한 점에서 자유당과 민주당은 쌍둥이였다"고 진단했다.[5] 실제 4·19와 5·16 주도 세력에게 자유당 정부와 민주당 정부는 동일한 것이었다. 자유당과 민주당 체제를 넘어서고자 했던 4·19와 5·16은 모두 부정부패 극복과 빈곤 타파라는 동일 목표를 지향했다는 것과 5·16 이후 철저하게 경제중심적 산업화를 함께했던 다수 지식층의 적극적 참여를 통해서도 나타난다.

그런 측면에서 광복 직후 북한 공산 체제를 경험한 기독교 지식인이던 함석헌의 4·19와 5·16에 대한 이해와 통찰력은 매우 이례적이었다. 함석헌은 4·19는 이상주의를 대변하고, 5·16은 현실주의를 대변한다고 규정했다. 또 4·19는 학생으로 대표되는 지성이고, 5·16은 군인으로 대표되는 물성을 의미했다면서 순서적으로 4·19 후에 5·16이 온 것이 비극이라 하였다. 그렇지만 '필연적인

---

4 김종필,『김종필 증언론』, 와이즈베리, 2016, pp. 35-36.
5 박정희,『우리 민족의 나갈 길 (평설, 남정욱 풀어씀)』, 기파랑, 2017, pp. 135-6.

악'으로 바람직했다기보다는 "그럴 수밖에 없었다"고 표현하였다.[6]

4·19가 민주당 정부를 출범시켜냈지만 민주당 장면 정부가 4·19 이념을 실현할 수 있는 역량과 책임감을 가진 것은 아니었다. 민주당 정부를 이끈 지도 세력의 성격 자체가 농촌의 토지에 기반한 고등교육 엘리트여서 전통적 엘리트층에 해당될 뿐, 4·19 정신을 이끌 현실적 개혁을 추진해나갈 세력이 되기엔 미흡했다. 근대 교육을 받은 엘리트들이긴 했지만 전형적인 정치 권력 투쟁과 권력 나누기적 정치 행태를 벗어나지 못했다.

그런 의미에서 자유민주주의는 서유럽에서 생산적 중산층이 그들의 자유로운 산업 활동과 정책 결정 과정에 참여하기 위하여 발전시킨 제도였는데, 1960년 시점에서 한국 사회에는 민주제도를 운영해갈 주축인 산업화에 기반한 생산적 중산층이 형성되지 않았었다. 그리고 자유민주 제도만 직수입한 결과 민주주의의 정착 과정의 진통이 거듭될 수밖에 없었고, 사회의 주역이 아닌 학생이 주도한 4·19는 한계가 분명했던 것이다.[7]

그런 면에서 토지 기반의 전통적 엘리트층과는 기반을 달리하는 군부 엘리트가 주도한 5·16 혁명은, 민주당 체제로는 감히 갈 수 없는 국가 번영을 목표로 하는 질서와 제도 체제를 창출하는 과정

---

6 함석헌, 『뜻으로 본 한국역사』, 한길사, 2003, p. 493.
7 차기벽, 「4·19 과도정부, 장면정권의 의의」, 『사회과학』, 성균관대 사회과학연구소, 1972. 재인용.

이었다. 5·16 주체 세력은 빈곤과 기아를 떨쳐내는 '자주경제 재건(再建)'을 핵심 가치로 했고, 현재의 정치 세력으로는 번영 국가를 만들 수 없겠다고 판단했다. 5월 16일 새벽에 뿌려진 군부의 「혁명 공약」은 5·16 혁명의 불가피성을 국가재건(國家再建)으로 삼았고, 군사혁명위원회는 곧 '국가재건최고회의'로 전환되었다.

5·16 주도 세력은 "무능한 현 정권과 기성 정치인들에게 이 이상 더 국가와 민족의 운명을 맡겨둘 수 없다"고 선언하고, "절망과 기아선상에서 허덕이는 민생고를 시급히 해결하고 국가 자주경제 재건에 총력을 경주할 것"[8]이라 밝혔다.

국가 재건은 건설과 함께 4·19의 핵심 방향이기도 했다. 쿠데타로 만들어진 국가재건최고회의(의장 장도영, 부의장 박정희)는 5·16의 목표는 전적으로 빈곤과 절망에서 탈출하기 위한 것임을 명확히 하였다.[9]

> 도탄에 빠진 민생고를 해결하여 급속한 경제 부흥을 이룩함으로서… 우리나라의 경제적 후진성을 하루바삐 탈피하고 국내 산업을 적극적으로 보호 육성시키기 위하여 … 강력하고도 계획성 있는 자유경제 정책을 실시함으로서 모든 국민을 빈곤의 절망에서 해방시

---

8 자주경제란 표현이 자주 강조된 것은 원조 감소에 따른 경제의 침체와 절망적 상황을 극복하고자 하는 방향성과 직접적으로 관련된 것이다.
9 박정희 100장면, 『월간조선』, 2017(창간호 특별부록), pp. 58-59.

키고자 정부는 온갖 노력을 기울이고 있습니다.

결국 5·16은 4·19와 마찬가지로 '경제 부흥' 체제를 찾는 과정이었다. 반면에 4·19로 만들어진 민주당 정부는 이승만 정부가 붕괴된 통치 공백 상태에서 민주당 권력의 확대와 권력 투쟁적 갈등에 국가적 역량을 소진시켰다. 4·19 이후 치러진 7·29 선거부터 윤보선 중심의 민주당 구파(舊派)와 장면 중심의 민주당 신파(新派) 간에 누가 더 의석수를 차지하느냐가 선거의 초점이 되었다.

신·구파 간의 갈등은 상대파가 공천된 곳에 복수 공천을 하며 상대파의 당선 숫자를 줄이는 수준까지의 험난한 골육상쟁적(骨肉相爭的) 갈등이었다. 심지어 장면, 윤보선 등 민주당 지도자들이 출마한 지역까지 자기 파벌의 후보를 무소속으로 내는 방법으로 당내 경쟁적 파벌 지도자가 다른 곳에 가서 선거 지원을 못하도록 막을 만큼 권력투쟁과 나누기에만 치중했었다.

233개 지역구였지만 민주당 계통에서 출마한 후보자만 600여 명에 달할 만큼 통제되지 않는 수준의 '권력 나누기(power sharing)' 적 정치 활동만 나타나는 상황이었다.[10] 물론 그것은 4·19가 표출했고 염원했던 것과는 정반대의 다른 방향이었다.

정부의 구성에서도 이승만 자유당 정부와 장면 민주당 정부는

---

10 이용원, ibid., p. 133.

커다란 차이가 없었다. 정치인들로 구성된 자유당과 민주당은 대부분에서 인적 자원이 중복되었고, 가치관이나 경력에서도 커다란 차이를 보이지 않았다. 예를 들면 민주당 구파(舊派)의 조병옥과 신파(新派)의 장면 모두 이승만 정부에서 장관, 대사, 국무총리 등을 했던 인사였다. 구파를 대변했던 조병옥, 윤보선과 신파의 중심이던 장면은 모두 이승만과 함께 국정의 중심적 역할을 했거나 한국민주당 출신으로 이념과 정책적 차이는 거의 없었다. 그럼에도 4·19로 권력의 중심에 서자마자 권력과 관련된 자리와 감투의 배분에 관련된 모든 사안마다 치열하게 격돌하였다.

집권하던 자유당의 몰락으로 2/3가 넘는 국회 의석을 차지한 민주당은 곧바로 내부 권력 투쟁으로 돌입했고, 신파와 구파 사이의 물리적 폭력과 난투는 일상화되었다. 민주당 구파는 신파 측의 장면이 총리를 맡게 되자 바로 전체 171명 중 별도의 86명이 원내(院內) 교섭 단체를 만들어 활동하기 시작했다. 민주당 정부 출범 5개월도 되지 않은 11월에 신파 측은 김도연(金度演), 유진산(柳珍山) 주도로 별도의 신민당(新民黨)이라는 당을 만들어 활동하였다.

시인 신동엽(申東曄)이 4·19 혁명과 관련된 시(詩)에서 「껍데기는 가라. 4월도 알맹이만 남고, 껍데기는 가라」고 강렬히 표현했던 것처럼 4·19로 표현된 염원은 실종되었다.[11] 4·19란 정치 격동 후

---

11 신동엽, 『누가 하늘을 보았다 하는가』, 창작과비평사, 1989.

에는 '껍데기'들만 남아 설치는 사회로 바뀌고 있었다. 물론 신동엽 시인은 5·16의 군부 권력도 '껍데기'이기에는 마찬가지라고 보았겠지만, 그 '껍데기'들이 향후 몇 십 년에 걸쳐 전 세계 다른 어느 나라에서도 볼 수 없던 눈부신 번영을 만드는 다른 역사를 만들 것까지는 예상치 못했을 것이다.

그런 면에서 4·19의 용기있는 궐기와 대규모 희생에도 불구하고 자유당 정부에서 민주당 정부로의 권력이전으로 종결되는 4.19 혁명이었다면, 그것은 명실상부하게 4·19의 좌절이었을 것이다. 민주낭은 집권과 함께 시작된 당내의 권력 투쟁으로 4·19 정신을 실현할 능력이나 그런 역량을 갖추지 못했고, 실제 민주당 정부는 질서와 안정도 유지하지 못했다는 점에서 이승만 정부보다도 못하다는 것이 확인되었다.

4·19가 만든 체제가 단지 자유당에서 민주당으로의 권력 이전으로 종결되었다면, 빈곤 타파와 경제건설이라는 근대화 민족주의는 4·19와 함께 좌절되었을 것이다. 그런 면에서 5·16은 군부 엘리트가 중심되어 권력 투쟁적 정치에 매몰되며 근대 산업화란 목표가 좌절되고 떠내려가는 상황에서, 4·19와 마찬가지로 또 다른 탈출구를 찾기 위한 또 다른 궐기였다.

[2] 반공주의

5·16 쿠데타가 전개된 1961년 상황에서 군부 주도의 정부가 강력한 반공주의적 태도를 취한 것은 너무도 당연했다. 공산주의를 거부하는 반공 정책과 관련해서는 이승만 정부나 민주당 정부 혹은 5·16 세력 간에 커다란 차이가 있을 수 없었다. 특히 정부 주도 세력이 군 출신이고, 3년에 걸친 처참한 전쟁에서 목숨을 건 전투에 참여했던 주역이었기에 박정희 정부의 반공 체제에 대한 기본 인식은 누구보다도 철저했다. 남북 대치와 전쟁에서 피 흘리는 희생을 겪었고, 주변의 동료들을 수없이 잃었던 군인들이 반공을 제1 국시(國是)로 한다는 것은 너무도 당연했다. 5·16 쿠데타에 참여한 최고위 계급인 참모차장 장도영 이름으로 배포되었던 1961년 5·16 혁명 공약의 시작과 끝은 다음과 같았다.

군사혁명위원회는 첫째, 반공을 국시의 제1의로 삼고 지금까지 형식적이고 구호에만 그친 반공 체제를 재정비 강화할 것입니다… 다섯째, 민족적 숙원인 국토 통일을 위하여 공산주의와 대결할 수 있는 실력의 배양에 전력을 경주할 것입니다.

비록 1950년 후반부터 급속도로 줄어들었지만 1961년에도 여전히 미국의 군사안보적 지원과 경제원조에 크게 의지해야 했다. 특히 안보 문제와 관련하여 서울 이북에 전방 배치된 미군 제2사단과 제7사단은 6·25전쟁 이후에도 계속하여 북한과 중국 공산군에 대항하는 방어의 최전선을 구축하고 있었다.

북한이 모든 역량을 군사력 강화에 쏟는 상황에서 한국군만으로는 독자적 방어가 불가능했고, 안보와 경제 모두에서 미국에 크게 의존하던 상황에서 5·16 주도 세력이 미국과의 동맹 강화와 반공 체제를 구축하는 것은 필수적인 것이기도 했다. 특히 박정희는 6·25 직전에 공산주의 단체와 연루된 적이 있기 때문에 미국이 가질 수도 있는 용공주의자(容共主義者)라는 세간의 우려를 불식해야했다.

그 결과로 5·16 혁명 공약 제1조는 반공을 제1의 국시(國是)로 삼는다는 것이었다. 반공을 제1 국시로 한다는 것은 국가적 과제이기도 했지만, 박정희는 그 혁명 공약 제1조가 본인의 과거 경력을 고려한 것이라는 점도 알고 있었다.[12]

---

12 김종필,『김종필 증언록』, ibid. 2016.

5·16은 무엇보다 반공 체제를 확고히 한다는 것과, 민족 통일을 위해서 실력 배양이 요구된다는 사실을 명확히 했다. 물론 실력 배양이란 곧 근대 산업화를 의미했다. 5·16의 반공 체제는 이승만 하야에 따른 허정 과도내각이 출범하며 확고한 반(反)공산주의 정책을 견지시킬 것이라 했던 것이나, 7·29 총선 후 장면 내각이 반공 체제를 더욱 확고히 하겠다는 것과 차이가 없었다.

다만 5·16 체제는 반공이란 공산주의 체제를 거부한다는 것보다는 공산 체제보다 자유민주 체제가 더 우월하다는 것을 입증해내겠다는 것을 과제로 내걸었다. 또한 그것이 입증될 때만이 통일도 비로소 가능해진다고 판단했다. 공산 체제보다 나은 번영 체제를 만들 수 있겠다는 자신감을 보여준 것이다.

그렇게 하지 않으면 그것은 무력에 의한 통일이고, 전쟁 결과 전쟁에서 승리한 측의 통일이라는 또 다른 민족 참화의 길로 휩쓸려 들어갈 것이라는 인식이었다. 그런 사고는 박정희 정부의 1973년 6·23 선언에도 더 명확하게 나타난다.

누구보다 처참한 좌우 투쟁과 6.25 전쟁을 겪어왔기에 독립 국가의 생존을 위해서도 반공은 필수적이었지만, 나아가 기아와 절망의 극복이나 평화통일을 위해서도 모든 것은 번영국가의 건설로 집약됨을 분명히 했다.

박정희는 누구보다도 공산주의의 문제점을 경험을 통해 알고 있었다. 1945년 이후 아시아에 몰아닥친 소련과 중국의 공산주의 열풍은 공산주의도 대안이 될 수도 있겠다는 생각을 주었을 수 있지만, 6·25 전쟁을 겪으면서 더 이상 공산주의가 대안이 될 수 없다는 방향은 분명해진 것 같다. 오히려 공산주의를 극복하는 것에서 민족의 건설과 번영도 가능하고, 올바른 방향에 의한 민족 통일도 이뤄낼 수 있다는 확신을 갖게 된 것으로 보인다.

특히 5·16을 통해 반공을 강화한다고 한 것은 4·19 이후 전개된 사회적 불안정을 계기로 극소수이지만 공산주의를 받아들이자는 소위 용공 세력이 만들어낸 사회 불안정, 국민적 통합과 결속이 해체되는 것에 대한 우려였다. 진보 세력인 사회혁신당(高貞勳)이 국회의 해산을 요구한 것이나, '노동당 재건 사건'으로 16명이 체포된 사건, '민족통일촉진연맹' 혹은 '민족자주연맹' 등 혁신 세력의 좌우 합작 혹은 사회주의를 지향하는 급진 행동은 국민적 우려를 낳았다.

그 가운데 사회대중당은 계급 투쟁적 이념 성향을 가지고 있었다. 그들은 공산주의 '계획 경제'를 혼합한 경제 체제를 지향하는 정당으로, 한국 사회에 남아있던 남조선로동당 계열들의 결집이기도 했다. 비록 그들은 경북, 경남, 전남 등 3개 지역을 중심으로 전국적으로 129명의 후보를 냈고, 전체 득표율은 6%로 54만 표에 불과했지만[13] 선거 이후에도 1961년 2월에 들어서는 '민족자주통

---

13 『대한민국 선거사(제1집)』, 1973.

일협의회'와 '중립화조국통일총연맹' 등을 구성하여 영세 중립화안을 주장하는 등의 급진적 활동을 계속하였다.

나아가 4·19 전후에도 각종 정책 사안을 빌미삼아 반미(反美) 투쟁을 전개하던 세력들이 존재했다. 좌파 혁신 세력은 민주당 정부가 추진하는 '한·미 경제협정'이 우리 민족을 경제 종속으로 몰아가고 주권을 유린한다며 '한·미 경제협정 반대 공동투쟁위원회'를 결성하고 반대 운동을 펼쳤다. 서울시청 앞에서 한·미 경제협정 반대를 요구하는 대대적 시위에 나서거나, 민주당 정부를 대상으로 노골적 반정부 투쟁을 전개하기도 했다.

또한 과도한 데모 중심적 사회를 바로잡고 사회 안정화 차원에서 장면 정부가 추진한 '시위 규제법'과 공산주의 활동가에 대한 처벌 강화를 내용으로 한 '반공 임시 특별법'을 '반민주 악법'으로 규정짓고 반대 투쟁에 나섰다.

나아가 좌파 혁신계 정당과 단체는 1961년 3월 22일 서울시청에서 3만에 달하는 대규모 시위는 물론, 연이은 전국 집회에서 민주당 장면 정부의 퇴진과 국회 해산을 주장하였다. 또 '민족통일전국학생연맹'은 남북 학생회담을 추진하겠다며 유엔(UN)이 학생회담으로 가는 길을 열라는 결의문과 함께 가두시위를 계속하였다.[14]

허정 과도내각이 반공 체제를 확고히 하고 연이은 장면 정부가

---

14 노중선, 『4·19와 통일논의』, 사계절, 1989; 유재일, 4·19시기 혁신정당운동의 전개과정과 그 성격에 관한 연구, 1988.

국가보안법을 강화하고 집회와 시위에 대한 규제를 강화하는 쪽으로 간 것은, 모두 사회 안정과 질서가 절실히 요구되었기 때문이다. 그럼에도 대중 시위로 질서가 무너진 사회는 쉽게 통제되지 않는 상황으로 전개되었다.

그런 차원에서 5·16 군의 반공 강화는 체제 안정과 함께 국민적 불안에 대한 대응이었다. 4·19 이후 전개된 좌익 남로당 잔존 세력과, 비록 극소수였지만 공산주의 세력과 회담하고 연대하고자 하는 움직임이 펼쳐지는 상황에서, 군의 반공 강화는 사회 안정과 질서 확립으로 가는 기본 조건이었다. 4·19로 조성된 무질서와 사회 불안 상황에서 북한과의 좌우 합작이거나 공산주의 계열의 활동과 연대하는 무분별한 통일 논의에 대응하지 않을 수 없었다.

장준하의 『사상계』도 "절망, 사치, 퇴폐, 패배주의 풍조가 이 강산을 풍미하고 있었으며, 이를 틈타서 북한의 공산 도당(徒黨)들은 내부적 혼란의 조성과 붕괴를 백방으로 획책하여 왔다"는 우려와 위기의식을 표하면서 그에 대한 대응으로 "국제 공산 제국주의와 대결하면서 자유와 복지와 문화의 방향으로 국가를 재건해야 할 우리들의 민족적 과업"[15]이라며 5·16의 반공 체제 강화를 적극 옹호하였다.

마지막으로 주의 깊게 보아야 할 것은 4·19 혁명 과정 내내 군에

---

15 『사상계』, 1961년 6월호.

대한 비판이 거의 없었다는 사실이다. 기본적으로 군은 반공 이념을 기반으로 한 반공 정책의 중심축이자 중심 조직이다. 그럼에도 반공주의와 관련된 군에 대한 4·19 주도 세력의 비판은 없었으며, 오히려 군은 신뢰의 상징이었다. 4·19 주도 세력은 군을 신뢰하며 군 조직이 새로운 질서를 만들어낼 세력으로 평가하고 있었다.

4·19 주도 세력과 군의 관계는 4·19 시위 과정에서 군이 출동했지만 4·19 시위대에 발포하거나 반대를 표명하지 않았던 것으로도 대변된다. 특히 군에 대한 지식인의 지지는 월남한 기독교 지도자 함석헌이나 장준하의 『사상계』가 5·16에 대해 단호하게 지지했다는 사실이 상징적으로 웅변해주었다.

군에 대한 지지는 곧 군이 가진 근대성에 대한 지지이기도 했고, 질서와 안정에 기반한 조직력에 대한 믿음이기도 했다. 1960년 전후 시점에서 볼 때, 군은 한국 사회의 다른 모든 조직과 비교할 때 가장 근대화된 조직이자 사회 무질서를 종식시키고 신질서를 만들어낼 유일한 집단 조직으로 평가되었다. 그것은 신생 독립국에서 보편적으로 나타나는 정당 조직의 취약성과 대비되는 것이다.

한국에서 1948년부터 경쟁적 다당제에 따른 정당 정치가 전면적으로 전개되었지만, 정당 정치는 짧은 기간에 뿌리내릴 수 있는 것이 아니었다. 정당 조직은 군 조직과 비교할 때 매우 취약했던 것은 물론이고, 근대화를 향한 군의 정향성과 집행력은 정당 조직과는 차원을 달리할 만큼 차이가 났다. 행정 체계와 규율, 그리고 최고 엘리트 집단으로 구성된 훈련된 인적 자원의 보유란 측면에서 군은 남다른 신뢰의 상징일 수밖에 없었던 것이다.

그런 면에서 군은 질서와 안정은 물론이고 집행력과 목표 달성 능력의 측면에서는 예외적 존재였다. 그런 근대화되고 조직화된 예외적 존재가 예외적 성공을 만드는 기회 구조를 열었던 것이다. 이승만 정부의 부흥(復興) 정책과 반공 정책은 물론, 4·19와 민주당 정부의 경제건설과 반공정책을 5·16은 그대로 계승하였고 확고한 집행력을 발휘해냈다.

5·16 주도세력도 일관되게 경제개발 정책과 반공 정책을 추진하였다. 그러나 결정적이었던 것은 근대적 행정 조직력을 갖춘 엘리트층인 군이 주도하는 근대화 정책이 안정과 질서의 확립, 그리고 산업화 정책의 일관된 추진력과 집행력에서 앞선 다른 정부를 압도했던 것이다.

[3] 번영 민족주의

　"우리는 민족중흥의 역사적 사명을 띠고 태어났다."로 시작되는
「국민교육헌장」(1968)의 첫 문장은 5·16과 박정희 정부의 주도 세
력의 정치적 목표를 가장 집약적으로 표현하고 있다. 박정희 정부
는 민족을 번영시키고 민족의 위상을 높이는 것을 민족주의 실현
으로 보았다. 그런 면에서 「국민교육헌장」의 내용은 박정희 정부
18년 동안 펼쳐진 민족주의 성격을 가장 집약적으로 표현했다.

　국민을 자유스럽게 행복을 추구하는 개인적 존재이기 보다 민족
중흥이란 목표를 실현하는 역할을 다해야 할 존재로 보고 있다는
점에서 분명 문제가 있을 수 있었다. 자유주의적 시각에서 본다면
인간을 목적적 존재가 아닌 수단적 존재로 보는 것은 매우 위험하
고, 전체주의적 사고의 일환이기도 했다. 더구나 '민족중흥을 위해
태어났다'는 것은 동원 사회적이고 군국주의적 사고도 내재된 위
험한 표현이지만, 당시 그 구호는 좌절된 민족의 가슴을 뛰게 만들

었고 민족부흥에 기여한다는 측면에서 자기 존재와 역할에 의미를 부여하기도 했다.

'민족중흥'이란 구호는 '못살겠다, 갈아보자!'는 1950년대 말의 핵심적 구호보다 훨씬 목표 지향적인 것이었고 그 연장선에 있는 것이었다. 1960년대 모두가 민족중흥을 말했던 것은 빈곤 타파와 근대 번영 사회의 지향이라는 민족적 과제는 누구도 부정할 수 없고, 누구든 참여하여 한번 해내고 싶어 하던 절박한 과제였기 때문이다. '민족중흥'과 '조국 근대화'란 구호는 무기력한 상황에서 국민들이 힘을 모아 가야할 방향이자, 민족주의를 통해 동원하고 결집해낼 에너지이기도 했다. '조국 근대화'는 적어도 건국 이후, 특히 6·25전쟁 이후 누적된 요구로 5·16을 주도한 세력에게 부여된 가장 절박한 과제였다.

> 가난은 본인의 스승이자 은인이다. 그렇기 때문에 본인의 24시간은 이
> 스승, 이 은인과 관련이 있는 일에서 떠날 수가 없는 것이다.[16]

박정희는 가난과 빈곤 문제의 해결을 민족적 과제로 인식했다. 함석헌의 해석에 따른다면 현실주의적 기반을 갖고 보지 않으면 안 되는 상황에서, 급기야 군인이 나서서 당면한 문제를 헤쳐 나가

---

16 박정희,『국가와 혁명과 나』, 향문사, 1963.

며 이상주의와 지성의 한계를 극복해가는 과정이기도 하다. 물론 그것은 군에 의한 안보 강화의 차원이 아니라, 근대를 지향하며 과학과 기술에 토대하며 교육된 지식인이 주도하는 사회를 만드는 과정이라고 보았다.

그런 측면에서 『사상계』 잡지의 논지는 4·19와 5·16을 일관되게 관통하는 정신적 근거이기도 했다. 5·16 주도 세력은 쿠데타 혁명 정부를 구상하는데 잡지 『사상계』를 참고로 했다는 것을 기자 회견에서 공개적으로 밝히기도 했다.[17] 다른 것이 있다면, 4·19 혁명이 학생 민족주의였다면 5·16은 군인 민족주의였다.

4·19와 5·16으로 만들어진 것은 학생 주도 민족주의가 군인 주도 민족주의로 이전되어 근대적 경제건설에 나선 바 그대로 민족주의적 연대이자, 민족주의적 진화였다.

5·16 주도 세력의 초기 국정 운영은 실패의 연속이었다. 학생 주도도 마찬가지였지만 직업 군인들이 나서서 국가를 경영한다는 것도 어렵기는 마찬가지였다. 나타나는 문제점을 지적하고 저항하거나 부정하는 일은 누구나 할수 있는 것이지만, 현실적 대안을 만들어 내고 업적을 내는 것은 전혀 다른 것이다. 5·16은 부정 축재자의 처벌과 재산 환수, 국내 자본의 동원을 위한 통화 개혁 등의 충격적 요법을 감행했다. 그렇지만 그것은 지속 가능한 것일 수 없

---

17 김종필, ibid., p. 56.

었고, 그것이 번영 사회를 지향하는 경제 사회 시스템을 구축하는 것일 수는 없었다.

단기적으로 국민 지지를 받기 위한 충격 요법은 늘 있어왔던 것이고, 그것은 4·19 직후와 민주당 정부 때도 시행되었던 단죄하고 처벌하는 전형적 방식에 불과했다. 민주당 정부도 그랬지만 그런 방식은 경제 사회를 활성화시키기보다는 오히려 경제 기반을 위축시키거나 사회적 경직성만 불러왔고, 경제건설을 위한 장기 투자와 안정적 재생산 구조를 만들지는 못했다. 부정 축재자를 처벌하고 사회를 깨끗하세 한다는 것과 산업 경제적 제도를 구축하는 것은 전혀 별개의 사안이었다. 처벌하고 단죄하며 청산하는 식에 머물렀다면 4·19 체제나 민주당 정부의 방식과 차이도 없었을 것이다.

프랑스혁명과 러시아혁명이 전형적으로 보였지만 '혁명'이란 이름이 붙게 되면 과거에 대한 처벌과 숙청을 수반하는 것이 보통이다.[18] 하지만 다행스럽게 한국에서의 4·19와 5·16은 공히 대대적 숙청과 처벌로 이어지지 않았다. 물리적인 폭력의 전개와 그에 따른 희생의 숫자도 '혁명'에 해당할 만큼 크지 않았다.

4·19와 5·16이 처벌과 숙청의 역사란 잘못된 전철을 밟지 않고 모두가 경제건설과 빈곤 타파를 지향했다는 것은, 1961년 이후 한국 사회가 지향하는 새로운 체제의 구축에 결정적인 결과를 가져

---

18 김광동, 「프랑스의 친나치 청산, 우리의 모델인가?」, 『월간조선』(2004. 10).

오는 계기를 만들었다. 물론 4·19와 마찬가지로 5·16도 삼성그룹의 이병철(李秉喆) 회장 구속 등의 처벌과 청산 과제를 제시했지만, 상징적인 수준에 머물렀다.

혁명을 했다지만 혁명의 대상이었던 민주당은 온존했다. 박정희와 국가재건위원회는 전임 민주당 정부의 대통령이던 윤보선이 대통령 선거에의 출마와 선거 과정에서 박빙의 맞대결 구조를 허용할 만큼 처벌과 청산은 관심 사항이 아니었다. 박정희 정부는 정당 중심적 정치 세력도 아니고, 쿠데타와 혁명에 의한 단죄와 처벌은 혁명 정부의 목표가 아니었다. 정부 그 자체가 산업 정부였고, 건설 정부였다. 짧은 과도기와 시행착오를 거쳐 4·19와 5·16의 본질인 경제건설에 집중하였다. 과거에 대한 단죄와 청산에 머무르지 않고 스스로 자기 절제와 단절을 해내며 경제 산업 건설로 나간 것은 5·16이 예외적으로 성공을 향해 내걸은 첫걸음이었다.

4·19를 이어 재건과 경제건설은 5·16의 모토였고, 5·16은 4·19 세력이 부족했던 역량 결집 능력과 일관된 추진력을 갖춰나갈 수 있었다. 국가재건최고회의, 경제기획원, 국가재건기획위원회, 5개년 계획 등 거의 모든 것은 빈곤 타파, 재건, 부흥, 번영, 공업화 등으로 표현되었다.

5·16 정부는 전체적으로 혁명적 정치 투쟁을 완벽히 '실종'시켰다. 처벌과 청산의 '혁명' 대신, 산업화와 국토 건설에 초점을 맞추었다. 대대적인 공업단지(工業團地) 조성이 시작되었다. 각종 공장

및 국토 건설 사업에 필요한 시멘트공장들이 속속 착공되고 완공되었다.

쌍용시멘트(1962), 현대시멘트(1963), 한일시멘트(1962), 아세아시멘트(1965) 공장이 각각 대대적으로 착공되고 완공되었다. 건설을 위한 기본 재료인 시멘트가 공급되자 곧이어 에너지 공급에 집중하여 울산정유공장 준공(1964)으로 나아가며, 박정희 정부 자체는 이미 혁명 정부가 아니라 '산업과 건설 정부'를 지향하였다.

1962년 1월, 이승만 정부 및 민주당 정부, 모두가 염원하던 제1차 경제개발 5개년 계획을 계승하여 발표하였다. 또 그에 따른 첫 구체적 공업화 정책에 따라 울산 공업센터 조성을 본격화하였다. 불과 몇 개월 뒤의 첫 과업으로 발족된 울산 공업단지 기공식(1962. 2)에서 박정희는 다음과 같이 그 의의를 강조했었다.

> 울산의 건설은 빈곤의 역사를 떨치고, 민족의 숙원인 부귀를 마련하기 위한 의지가 깃든 우리나라 공업화라는 거대한 작업의 첫 출발입니다… 민족 부흥의 터전을 닦는 것이며… 자손 만대의 번영을 약속하는 민족적 궐기인 것입니다."[19]

쿠데타든 혁명이든 구(舊) 권력을 대체한 군부는 단죄와 청산이

---

19 오원철, 『한국형 경제건설 1』, 한국형경제정책연구소, 1995, p. 30.

란 정치 보복에 몰두하며, 그것을 자신들의 치적(治積)으로 선전하는 것이 관례였다. 그렇지만 5·16에서는 경제와 산업에 문외한인 쿠데타군 주도 정부가 전반적인 국가 산업화와 국토 건설에 모든 역량을 집중하였다. 그것이 곧 예외적 쿠데타였다.

쿠데타 정부는 '빈곤 타파, 민족 의지, 민족 궐기'라는 표현을 반복하며 산업과 생산에 몰두하였고, 그것이 혁명이라 생각하였다. 공업화를 추진하는 것이 곧 빈곤 타파이자 민족의 궐기이고, 민족주의의 실현으로 보았다. 5·16 혁명 정부는 총력을 다해 공업화를 추진하는 것을 민족적 과업에서의 '상징적 웅도(雄圖)'이자 '민족 빈부(貧富)의 판가름'이 나는 과제라고 강조하였다.

물론 생산 지향적 혁명 과업 설정은 4·19와 민주당 정부가 만들어내지 못한 것에 대한 반성의 의미도 있다. 5·16은 4·19를 계승하고 4·19 정신을 받들며 경제 재건과 산업 건설에 전부를 거는 정부이고, 그렇기에 혁명 정부라고 인식하였다.

예를 들면 정유공장 건설도 민주당 정부가 경제재건 차원에서 만든 '조선 정유공장 건설계획'에 의한 것이었지만, 그것을 완벽하게 그대로 계승하여 추진하였다.[20] 마찬가지로 1963년부터 시도되어 1965년 완료된 일본과 정상적 국교(國交)를 수립하는 일도 이승만 정부의 노력과 장면 정부가 시도했던 기반을 이어받아서 완결

---

20 오원철, ibid., pp. 45-6.

지은 것이다.

5·16의 산업혁명적 성격은 주도적 엘리트층 변화를 통해서도 극명하게 나타난다. 전형적인 정치 엘리트는 퇴장하고, 재정·산업·건설·무역 부문에서 역량을 발휘할 수 있는 엘리트층이 전면에 부각되었다. 5·16 군사 쿠데타가 세계의 다른 쿠데타들과 구조적으로 달랐던 부분이기도 했다. 특히 이승만 정부의 자유당 세력은 물론이고, 4·19로 만들어진 정치 구조에서 새로 권력 기득권층을 만든 민주당 세력의 교체였다. 5·16으로 만들어진 정치는 전통적 정치 세력 및 전형적인 정당 정치와의 결별이기도 했다.

경제기획원과 재무부, 상공부 등의 핵심적 경제 정책은 대부분 경제 엘리트에게 맡겨 일관성을 확립했다. 또 국토건설부와 교통부 등은 군인에게 맡겨 추진력과 집행력을 갖추게 하였다.[21] 5·16 쿠데타는 이승만, 장면 정부와 달리 효율성과 생산성을 중심으로 군을 포함한 신진 엘리트를 형성시키고, 군의 추진력을 과학기술 엘리트들과 결합시켜 산업화를 추진해나갔다.

군부 엘리트로 상공부의 정래혁(丁來赫) 중장, 박충훈(朴忠勳) 소장 등과 과학기술 엘리트로 최형섭(崔亨燮) 원자력연구소장, 함인영(咸仁英) 원자력연구소장, 이태현(李台現) 화학연구소장 등이 대거 등장하여 결집한 것이 그것이다.

---

21 김병국,『분단과 혁명의 동학』, 문학과 지성, 1994, pp. 188-197.

4·19 이후 장면 정부의 주요한 부흥부 장관이 "건설의욕이 발화점에만 달해 있으면 모두가 일어설 것"이라고 언급한 바 있다.[22] 그런데 그 발화점이 드디어 5·16을 통해 누적된 궁핍과 열등감을 넘어 조국 근대화라는 거대한 열망에 민족적 불을 댕긴 것이다.

실제 5·16 군부 정부의 등장에 대한 평가는 박정희와 공화당에 대한 국민 선택으로도 나타난다. 윤보선과 맞섰던 박정희는 1963년 제5대 대통령 선거에서 46.6% 득표로 윤보선의 45.15% 득표에 비해 불과 1.5% 차 승리에 머물렀다. 그러나 박정희 정부 첫 4년을 마친 뒤 1967년 제6대 선거에서 박정희는 윤보선과의 격차를 5.6% 차로 확대했고, 다시 제7대 대통령 선거(1971)에서는 김대중 후보를 7.9% 차로 확대하며 당선되었다.

박정희 정부에 대한 국민 지지의 확인은 물론이고, 박정희 대통령의 소속 정당인 민주공화당에 대한 지지도 급격히 확대되며 박정희와 민주공화당 체제의 기본 구도는 한국 현대정치에서 전두환~노태우 정부로 이어지면서 36년간 계속되었다.

그것은 이승만 정부~4·19 혁명~민주당 정부 및 5·16 혁명으로 이어지며 지향했던 빈곤 극복과 실업 타파, 그리고 민족적 열등감과 후진성(backwardness)에 대한 자각 속에서 따라잡기(catch-up)를 통해 민족 부흥을 이뤄보자는 염원을 보여준 것이었다. 또한 근

---

22 <경향신문> 1961 5.15. 주요한 부흥부 장관 인터뷰.

대 산업화를 지향하는 건설과 부흥을 향한 국민적 노력과 바람이
5·16 이후의 박정희 정부로 결집되어 투영되었음을 말해준다.

제4장

근대화를 향한 4·19와 5·16의 연속성

사회 변동과 근대화 열망의 분출
민주주의 혁명(8·15)을 넘어선 산업화 프로젝트
민족 번영 국가의 지향

1960년대 전형적 농촌 마을 전경

[1] 사회 변동과
근대화 열망의 분출

4·19와 5·16을 모두 '민주주의'라는 잣대로 보는 것은 4·19 학생 의거와 5·16 군부 쿠데타가 발생했던 1960년 전후의 현실과 전혀 동떨어진 기준이다. 한국 사회가 8·15와 6·25를 겪은 이후에는 일관되게 경제 안정과 부흥을 포함한 근대 산업국가로의 지향이라는 고도의 연속성만이 있었다.

'민주 혁명'이라 불리기도 하는 4·19 혁명조차 민주주의를 기준으로 평가하기 어려운 것은 보편적인 시민 혁명에서 보여지는 민주적 권리와 민주적 제도에 대한 요구가 나타나지 않았고, 또 실제 민주주의를 진전시킬 새로운 민주제도의 도입도 없었다는 사실로 입증된다.

최고 권력자인 대통령을 하야시키고 집권당 몰락을 가져왔으니 그것이 곧 민주 혁명이라고 한다면 세계사에 있었던 군중시위에 의한 모든 권력 교체가 민주 혁명으로 평가되어야 할 것이다.

그러나 4·19는 이승만 하야에 목표를 둔 것도 아니었고, 의회 민주주의 도입이나 참정권 확대 등과 같은 민주제도를 염원했던 것도 아니었다. 엄밀히 본다면 4·19는 나아지지 않는 기존의 현실 체제에 대한 탈출구를 만든 것이었다. 그럼에도 4·19와 5·16이 혁명적인 것은 모두 구질서를 깨고 산업화된 근대 질서를 만들기 위한 과정이었기 때문이다.

박정희는 "불안과 혼돈의 구(舊) 질서를 무너뜨리지 않고서는 새로운 질서를 찾을 길이 없었던 1961년"이었다고 표현한 바 있다. 그는 "5·16은 체념과 절망만을 강요하던 숨 막힐 듯한 구 질서와 구 정치 체제에 도전한 국민혁명의 기점"이었다고 회고했다.[1] 민주주의라는 잣대가 아닌 구 질서의 극복과 건설적 새 질서를 염원했다는 것은 4·19를 주도적으로 이끌었던 학생들이 5·16 이후 그들이 완성하지 못한 신(新) 체제를 5·16 군부가 나서서 완수해주기를 강하게 기대한 것으로도 나타난다.

4월 혁명과 5월 혁명은 조국 재건(再建)이라는 근본이념에서부터 혁명 과업 완수의 도상에서 일치되어 있다. 단지 혁명 정부가 전 국민이 원하는 방향으로 계속 국가를 이끌어 나가기만 바랄 뿐이다.[2]

---

1 박정희, 박정희 대통령 어록(박형규,『우리도 할 수 있다』, 은행나무, 1999, pp. 31-32).
2 고려대학교, 4·18 2주년 학생선언문, 1962.

절정에 달한 국정의 문란, 고질화한 부패, 마비 상태에 빠진 사회적 기강 등 누란의 위기에서 민족적 활로를 타개하기 위하여 최후 수단으로 일어난 것이 다름 아닌 5·16 군사혁명이다.

무능하고 고식적인 집권당과 정부가 수행하지 못한 4·19 혁명의 과업을 새로운 혁명 세력이 수행한다는 점에서 우리는 5·16 혁명의 적극적 의의를 구하지 않으면 안 된다.[3]

1960년 전후 한국 사회 현실은 고려대 대학생이든, 〈사상계〉 지식인이든 4·19와 5·16이란 정치 변동이 새로운 산업 사회와 번영 질서를 향한 동력(動力)이 되어야 한다는 동일한 문제 의식을 공유하고 있었다. 그 시작은 불합리와 부정부패에 대한 반감이었지만 지향점은 경제건설과 산업화였다. 그것은 학생과 지식인 혹은 엘리트 군은 물론 무질서와 혼란에 휘말리고 무력감을 느끼던 정치인들도 마찬가지였다.

장면 총리가 5·16 군사 쿠데타 소식을 듣고 '드디어 올 것이 오고 말았구나'라고 표현했던 것은 결코 장면 총리만의 상황 인식이 아니고, 국민이 대부분이 공감했던 절망적 상황이 극복되어야 한다는 보편적 인식이었다.

---

3 『사상계』(제11권 제94호, 1961년 6월호), 사상계사.

물론 박정희를 정점으로 한 육군사관학교 출신의 엘리트들은 4·19에 발맞춰, 혹은 4·19 이전부터 군 내부의 부정부패를 바로잡는 '정군(整軍)'에 나섰던 사람들이었다. 학생과 지식인에 의한 사회적 부정부패와 불합리의 교정과 엘리트 군에 의한 군의 부정부패 및 불합리의 교정 운동은 동일한 차원에서 진행되었고, 상호간에 연대(連帶) 의식까지 갖고 있었다.

4·19와 5·16은 동적(動的) 사회로의 변화가 기대했던 만큼 진행되지 않는 것에 대한 불만의 표출이었다. 근대사회를 경험하고 교육수준이 높아진 국민늘의 기대치는 이미 높아져 있었다. 지식인을 대변했던 『사상계』 잡지사를 이끌던 장준하는 5·16 직후인 1961년 6월 『사상계』 권두언(卷頭言)으로 군부 쿠데타에 전폭적인 기대를 걸었다. 4·19를 선도적으로 이끌었던 고려대학교의 학생 선언문은 5·16을 계기로 근대화된 조국의 내일을 만들자고 하는 등 당시의 염원은 모두 비슷했다.

1961년 5·16 쿠데타 이후 고려대 학생 선언문도 4·19와 5·16 모두 혁명으로 평가하면서, 그것은 '조국 재건'을 지향한 것이란 점을 명확히 표명하고 있다. 근대화된 번영 국가를 지향하고 기대한 것은 4·19 주역이던 학생들이나 민주당 정부, 혹은 5·16 주도 세력 모두가 일관되게 공유한 것이다.

한국 사회는 이미 고도로 동적 성격을 갖고 있었다. 근대화된 사회에 대한 기대가 높았던 것은 국민들의 다양한 사회 경험의 산물이었다. 1948년 이후 만들어진 한국은 1950년대 6·25전쟁까지 겪게 되면서 매우 역동적(力動的) 사회로 진입해있었다. 식민 경험과 미군정, 연이은 전쟁과 같은 사회적 격동은 온 민족에게 새로운 각성의 기회를 가져다주었다.

조선 왕조 500년의 폐쇄와 정체에 뒤이은 1880년대 이후 1950년대까지 밀어닥친 변화는 비록 역사적 시간으론 70년 정도에 불과하지만, 내용적으로는 500년 역사적 변화를 능가하는 천지개벽적 변화의 연속이었다.

일본의 식민 지배와 태평양전쟁과 사회적 동원, 그리고 3년에 걸친 미국 군정과 다시 3년에 걸친 6·25전쟁을 거치면서 한국 사회는 폐쇄체제를 극복하고 전통적 봉건 사회의 굴레를 벗어던질 기회가 주어졌던 것이다.

또한 미·일 간의 태평양전쟁과 연이어 3년에 걸친 공산주의와의 6·25 전쟁은 폐쇄적 정적 사회였던 한국 사회에 전혀 다른 틀을 제공해주었다. 국민 모두는 이미 세계사적 격동 속에서 남다른 경험을 뼈저리게 겪어온 주체들의 집합이었다.

비록 전통적 농업 사회가 지배적이었지만 이미 국민들은 농업 사회를 떠나 근대적 산업 사회를 지향하는 방향으로 나아가고 있었다. 한국 사회의 고도의 동적 성격을 가속화시킨 것은 몇 가지 남다른 경험과 인구 이동의 결과이기도 했다.

우선 국민들의 상당수가 외국의 근대화를 목격하거나 직접 경험했다. 500년 폐쇄적 봉건 조선의 극심한 정체(停滯) 뒤에 급물살처럼 변화의 역동성이 가속화되었다. 한국 사회의 역동적 성격은 급격한 인구 이동으로 상징된다.

1948년 말 기점으로 남북한 전체 인구는 약 3천만이고, 북한 지역 인구를 제외한다면 한국 인구는 약 1천900만 명이다. 그런데 그 중 일본 본토에 살던 210만 명 중 112만 명이 한국으로 귀국하였고, 그 외 중국 본토와 만주는 물론 필리핀, 대만 등의 동남아와 남태평양 군도 등으로부터 12만 명이 귀환하였다.

〈표 6〉 귀환 및 월남 인구[4]

국외 귀환 인구		월남 인구	
일본	1,117,819	북한거주 월남자	648,784
중국	59,372		
만주	10,572		
대만	3,440	중국동포 월남자	13,476
하와이	2,642		
호주	3,051		
남대태평 군도	14,058	만주동포 월남자	306,755
기 타	9,673		
소 계	1,220,627	소 계	969,015
총 계	2,189,642		

---

4 이대근, ibid.

특히 6·25전쟁 이전에 북한에서 한국으로 월남(越南)했던 월남자와 6·25전쟁 중 월남한 인구 약 100여만 명을 포함하여 공식 통계상으로도 약 220만 명 전후의 인구가 일거에 한국 사회로 유입되었다.[5]

달리 말하면 당시 한국 전체 인구의 약 15% 전후에 달하는 국민이 외국 생활 혹은 북한에서 살다 새로 이주한 인구에 해당한다. 물론 비공식 인구를 포함하면 더욱 많을 것으로 추정된다.

전체 인구의 15%가 국외 경험을 했거나 해외 다른 지역으로부터 이주했다는 것은 한국 사회가 매우 구조적으로 동적 성격을 갖게 될 충분한 잠재력을 축적해놓은 것이나 마찬가지였다. 특히 일본과 대만, 중국, 호주 등에서 귀환한 인구들은 근대적 문물을 일상적으로 접하다 온 사람들이었다. 북한으로부터의 월남자 대부분도 사업가, 지주, 지식인 등 거의 엘리트층들이었다.

조선시대 백성들의 대부분이 100~200리(40~80km) 밖의 다른 지역으로 이동하지 않고 폐쇄적 환경에서 일생을 살았던 것과는 차원이 다른 변화였다. 이렇듯 상상하기 어려울 정도의 사회적 다양성 경험은 근대를 지향하는 동적 구조를 만드는 기반이 되었다.

중국 상하이와 만주로, 일본 열도와 미국 하와이는 물론이고 대만, 필리핀, 태평양의 남양군도(南洋群島) 등에서 겪은 온갖 다양하

5 이대근, 『해방후-1950년대의 경제: 공업화의 사적 배경 연구』, 삼성경제연구소, 2002, p. 146. 재인용.

고도 근대적인 경험은 폐쇄적 조선 사회 500년이 겪었던 정체와 경험과는 질적으로 다른 것이었다. 특히 한국 사회의 이동성을 가속화시킨 것은 6·25전쟁과 북한 공산 체제에 맞서야 하는 상황에 따른 국민 징병제(徵兵制)였다.

오랜 역사에서 한국의 성인 남성들은 수백 년 동안 농촌 마을 공동체에 머무는데 익숙했었다. 하지만 나이 20세를 전후해 수백 킬로미터 떨어진 곳에서 3년 이상을 근무하며 새로운 사회와 접촉했고, 근대적 군(軍) 행정 질서를 경험했다. 그 결과 전통적 농업 사회와 다른 문명 충격과 문화적 다양성을 경험하고 근대 산업 변화를 경험한 사람들이 대거 형성되었다.

4·19와 5·16 이전에 있었던 약 100년간의 급격한 사회 변화와 급격한 이동성(radical mobility)과 함께 서유럽 종교인 기독교(基督敎)의 확대도 전통적 인식을 크게 변화시키는 동인이 되었다. 근대 서유럽에 기반한 기독교 인구의 급격한 확대도 근대적 변화의 기반이 되었다. 국민의 상당수가 기독교를 받아들이기 시작했다.

불교와 유교 중심 사회가 기독교가 전래되며 근대 문물을 접하면서 국민 전체적으로 인식의 전환을 겪게 된다. 불교적 사고(思考)와 유교적 생활에 익숙해있던 한민족에게 급격히 불어 닥친 종교 변화는 커다란 사회 변화의 동력이었다. 개항과 개방 체제를 선택한 이후 1880년대부터 본격화되기 시작한 기독교 선교사들의 활동과 이 이후의 기독교계 교육기관과 세계관은 조선 사회에 커다란 충격을 주었고 사회 인식상의 변화는 가속화되었다.

이화·배재·숭실·정신학교 및 세브란스병원 등에서 보듯 1920년대에 가면 기독장로교가 개설한 500여 개 학교, 기독감리교 개설 150여 개 학교 및 120여 개의 천주교 개설 학교를 포함, 무려 800개 전후의 기독교 계통 학교에서 학생이 배출되고 있었다.

그 결과 기독교 인구가 식민 시대인 1935년 이미 47만 명에 도달했고, 1953년에 70만 명 전후에서 4·19 직전인 1958년에는 무려 약 300만 명을 넘었다. 유교적 전통 사회가 불과 몇 십 년 만에 전체 인구의 17% 전후가 기독교 신앙을 가진 사회로 격변하였다.

특히 미국 주도의 전쟁 참여와 미국의 경제원조가 급격히 확대되면서 한국의 기독교 신자가 350만 명에 달할 만큼 급증하였다. 서구적 가치관을 내면화한 기독교도들은 직간접적으로 근대사회를 직접 경험했던 층과 함께 한국의 근대적 변화를 추진하는 동력의 하나였다.

〈표 7〉 기독교 종교인구 변화(1930~74년, 단위: 천 명)[6]

	1930	1935	1940	1953	1958	1974
천주교	59	107	113	168	396	1,012
기독교	255	362	394	519	3,451	3,720
전체 인구	19,686	21,249	22,955	21,546	21,978	32,905

---

6 한국통계연감, 국가통계포털(http://kosis.kr/index/index.do).

기독교와 천주교 등의 종교 확산은 삶의 태도와 가치관은 물론
이고, 기존의 양반과 상민 및 노비를 근간으로 한 계급 구조를 허
물어뜨렸다. 또 남녀평등 관계는 물론, 평등주의 인권 의식 확립과
보편적 학생 교육 등에 있어서 새로운 사상과 제도에 접근하도록
바꾸었다. 그런 문물 변화의 영향을 받아 휘문·숙명·보성 등 정부
및 독지가(篤志家)에 의한 근대 교육으로 확대되었고, 1910년에 가
면 이미 약 5천 개 전후의 근대적 학교가 전국에서 운영되었다.

근대적 사상은 물론이고 기독교와 함께 도래한 사상은 조선에
근대 의식을 불어넣었다. 봉건 왕조 사상 혹은 중화주의적(中華主
義的) 세계관을 근본적으로 뒤바꾸었다. 특히 기독교는 전통 불교
전래와 조선시대의 유교 사회를 넘어 봉건적 신분 구조를 바꾸고,
근면한 노동에 입각한 생산과 재산 형성을 중시하는 가치관을 갖
게 되면서 근대적 한국을 만드는 동력이었다.[7]

왕조 국가의 봉건 신민(subjects)이 기독교를 통해 근대 시민
(citizens)으로 탈바꿈 한 것이다. 물론 기독교와 함께 근대 시민을
대량으로 확장시킨 것은 교육이었다. 1952년에는 고등학생 숫자
가 10만에 불과했지만, 1961년에 이르면 이미 26만 명 이상의 고
등학교 교육자를 포함하여 중등 교육 이상을 받는 숫자는 무려 80
만에 달하게 되었다.

---

7 로버트 그린 엮음(이동하 옮김),『프로테스탄티즘과 자본주의: 베버 명제와 그 비판』, 종로서
    적, 1975; 손봉호, 윤경로, 김승욱 외,『한국 사회의 발전과 기독교』, 예영, 2012.

농업사회를 넘어 산업사회로 진입되어야 할 만큼 급격하게 근대
교육을 이수한 숫자가 확대되는 상황이었고, 광범위한 교육확대는
산업화를 지향하고 민주주의를 지켜내는 토대이기도 했다. 또한
그들은 이미 근대 산업사회에 적합한 직종으로의 사회 진출을 요
구하는 강렬한 수요자가 되어 있었다.[8]

특히 미·일 간의 태평양전쟁에 이어 한반도에서 3년(1950~53)에
걸쳐 펼쳐진 6·25전쟁은 사회 전체를 극도의 동적 구조로 몰아넣었
고 재구성시켰다. 국민 상당수가 공산주의와 전쟁을 경험하였다.

6·25전쟁만큼 전면적인 전쟁은 사례를 찾기 힘들다. 흔히들 냉
전시대의 전쟁이 있었다거나 민족 간의 동족상잔(同族相殘)이니 미
국과 소련의 대리전(代理戰)이니 하지만, 6·25전쟁은 민족 전체를
뒤흔들어놓았다.

〈표 8〉 중·고등학교 재학생 변화[9]

연도	중학생 수	고등학생 수
1953	312,071	122,559
1957	458,905	274,383
1959	430,288	268,280
1961	528,614	263,563
1963	655,123	324,593

---

8 L. Diamond, Developing Democracy: Toward Consolidation, The Johns Hopkins Univ, 1999,
   pp. 198-200.
9 『한국통계연감 1953-1963』, 문교부.

수십 만 명의 군인들이 뒤엉켜 전투를 벌이는 전선은 낙동강까지 내려갔다가 다시 압록강까지 올라가며 펼쳐졌고, 수백만 명의 동원 체제가 이어졌다. 남북 전체 인구 3천만 명 중 400만 명 전후가 사망하거나 중부상을 당한 근현대 역사상 가장 가혹했던 첫 번째 전면 전쟁(Total War)이었다. 전 국토를 휘저은 전면 전쟁은 한국 사회를 완벽하게 뒤바꾸어 놓았고 전통 농촌사회에 대대적인 충격과 동적 성격을 부여하였다.

 미국을 비롯한 16개국의 전투 부대와 스위스, 스웨덴 등을 비롯한 60개 지원국의 활동을 3년간 지켜보고 지원받았다. 일본 식민 통치 경험은 물론, 태평양전쟁과 3년간의 미국 군정 시대 경험, 일본 생활을 했던 경험과 공산 전체주의까지도 경험했던 인구가 대거 한국 사회로 유입되어 있던 독특한 사회가 한국 사회였다.

 또한 공산 제국을 만든 소련과 중국이 한반도 질서를 좌우하고, 이에 끌려 다니는 북한과 북한 인민군을 경험하게 되었다. 당시 대한민국 국민 모두는 지난 80여년 전부터 낭자하게 흩뿌려진 피를 보았고, 죽어나가는 것을 목도해왔다. 1894~95년의 청일전쟁, 1904~05년의 러일전쟁은 물론이고, 1941년 태평양전쟁 발발 이후 1953년까지 약 12년간은 피와 죽음의 역사였다.

 태평양전쟁이든 6·25전쟁이든 아니면 좌우 대결이든, 농촌의 시골 마을에서까지 곳곳에서 전쟁에 나갔다가 죽었다는 소식이 계속되었다. 6·25전쟁은 인류 역사에서 가장 가혹한 전쟁 가운데 하나였다.

비록 3년이었지만 그 희생은 한민족을 넘어 인류가 감당하기 어려울 수준의 대참사였다. 매년 죽어나가는 사람의 숫자가 30만 명이 넘어 인류사에서 단위 시간당 사망자 숫자가, 제2차 세계대전 및 제1차 세계대전을 제외한다면 가장 많았던 참혹한 전쟁을 겪어 냈다.[10]

한반도에서 펼쳐진 각종 격변을 겪고 지켜보았던 것은 물론 국민 상당수는 오랜 기간 일본, 미국, 중국과 만주 지역 등에서 새로운 사회를 경험했다. 더 이상 『사서삼경(四書三經)』을 공부하여 과거 급제와 같은 방식으로 공직에 들어가 출세해 가문의 명예를 드높이고, 조상에 대한 제사와 묘지 관리에 몰두하던 그런 방식의 폐쇄 봉건적 유교 국가로 되돌아갈 수 없었다.

한국은 더 이상 고립과 폐쇄 체제를 의미하기도 하는 '고요한 아침의 나라'라거나, 혹은 중국 주변의 변방이란 의미의 '동방예의지국(東方禮儀之國)'과 같은 개념으로는 결코 설명할 수 없는 수준에 와 있었다.

다양한 근대체제를 경험하면서 주권국가로 독립을 맞이한 대한민국도 곧 번영된 근대 사회를 만들게 될 것이란 기대를 갖고 있었다. 그렇지만 현실은 결코 그런 방향으로 나아가지 못했고, 미래는

---

10 Jack S. Levy, War in the Modern Great Power System: 1945-72, The Univ. Press of Kentucky, 1983; Robert Leckie, Conflict: The History of the Korean War, Da Capo Press, 1996.

불투명했다.

근대 번영 국가를 지향하는 국민 염원은 이미 곧 폭발할 거대한 용암처럼 끓어오르고 있었다. 폭발이 어느 방향으로 향하느냐의 문제였지, 폭풍처럼 내달릴 가능성은 충분했다.

4·19와 5·16이란 계기는 역동적 사회의 방향을, 특히 민족주의적 방향을 낙후(落後) 타파와 번영을 지향하는 민족주의로 향하게 만들었다. 방향만 정해지면 가늠되지 못할 만큼의 폭발성을 내재하고 있던 민족적 열망이 4·19와 5·16으로 분출되면서 역동적 사회를 만드는 기반이 된 것이다.

특히 새로운 제도 및 문물과의 접촉과 광범위한 대규모 이동은 다른 선진 문명국들과 비교를 가능하게 만들었다. 비교 결과는 상대적 후진성(backwardness)에 대한 자각으로 나타났다. 후진성의 자각은 후진성을 조기에 극복하고자 하는 동력으로 작용하게 만들었다.

만약 특정 사회가 소수 엘리트층을 제외하고는 후진성에 머물러있다는 것 자체를 별로 의식하지 않거나, 상대적 후진성을 당연한 것으로 여기는 사회에서는 후진성을 극복하고 근대화된 문물과 제도를 따라잡겠다(catch-up)는 국민적 의지가 형성되지 않는 것이 당연했다.[11]

---

11 Gerschenkron. A, Economic Backwardness in Historical Perspective, Harvard University Press, 1962.

그런 면에서 한국 사회는 후진성을 탈피하자는 거대한 에너지가 집약된 사회였다. 커센크론(Gersenkron)이 말하는 후진성에 대한 자각은 후진성 탈피를 지향하는 민족주의로 전환되었고, 4·19나 5·16도 마찬가지였다.

다른 국가와 비교되어 우열(優劣)로 인식된 민족의식은 타 민족 혹은 다른 국가와의 대중적 접촉과 일상적 비교가 없다면 형성될 수 없는 것이다. 열등감을 수반한 민족의식이란 곧 강한 민족주의와 후진성 극복에 대한 염원으로 전환될 잠재력을 갖고 있었다.

물론 광범위한 접촉에 의한 후진성의 자각과 열등의식은 급진적 따라잡기에 나서게 되고, 그런 급진적 따라잡기는 공산주의(communism) 혁명으로 갈 가능성도 농후했다. 영국과 프랑스, 독일 등과 비교된 러시아의 열등의식과, 심지어 러일전쟁에서 아시아 국가인 일본에까지 패배함에 따른 극도의 열등감으로 공산주의 방식에 의한 따라잡기를 채택한 것이 바로 러시아 혁명의 원인이기도 했다.

중국 공산주의 체제도 예외가 아니다. 영국, 프랑스 등 유럽 국가와의 전쟁 패배라는 연이은 굴욕에 이은 청일(清日)전쟁에서의 참혹한 패배에 따른 중국 인민의 민족적 열등감은 급격하고 과격한 따라잡기 방법의 하나로 러시아적 공산주의를 선택하게 된 것도 동일한 역사적 경로에 해당한다.

그러나 다행스럽게도 한국은 공산주의의 길을 선택하지 않았다. 공산주의를 선택할 가능성도 높았지만 식민지 경험을 통해 일본의 근대화 체제를 간접 경험했었고, 무엇보다도 일본 제국을 패배시킨 나라가 자유 민주 체제에 기반한 미국이었다.

미국이 군사 관할권을 행사하는 시기에 국가의 독립 작업이 진행되면서 공산주의가 대안으로 선택될 가능성은 급격히 줄어들었고, 한국은 자연스럽게 공산주의적이지 않은 방향으로 근대화를 지향할 역량이 결집되었다.

대한민국 국민은 일본의 근대 체제와 미군정의 경험, 그리고 미국과 유엔의 지원을 받으며 일본과 미국을 비교 대상으로 설정하고 자연스럽게 따라잡기의 대상으로 간주하고 있었다.

비로 막연한 것이었지만 독립된 민족국가를 출범시켜내고 노력하면 시간이 지남에 따라 우리 민족도 일본이나 미국 수준에 도달할 것으로 기대하게 되었다. 더구나 그런 기대는 소수 엘리트들만의 제한되고 추상적인 것이 아니라, 일본 식민 시대와 미국 군정, 국외 경험과 6·25전쟁 등을 통해 구체적인 경험을 통해 설정된 것이었다.

그러나 1945년 광복으로 독립 국가를 세웠지만 15년이 지나도록 달라진 것은 없었다. 바뀌는 것이 없고 오히려 좌절만 쌓여가는 상황에서 낙후와 빈곤에 대한 자괴감과 후진성에 대한 탈출구를 찾는 과제가 요구되고 쌓여갔던 것이다.

근대 사회를 경험한 계층이 많은 강한 동적 사회에서 민족 간 비교를 통한 민족적 열위(劣位) 상황에 대한 강한 체험은, 부분적으로는 민족에 대한 자기비하적 의식으로 나타나기도 했다.

미국 생산품인 '미제(美製, made in USA)'와 일본이 만든 '일제(日製, made in Japan)'는 모범과 부러움의 상징이었다. '왜놈'과 '쪽발이'라 무시했던 그 일본이 이 땅을 지배하고 미국과 맞상대하는 현실까지도 이미 체험하고 지켜보았었다.

그렇기에 쌓여온 민족적 좌절감에 따른 새로운 탈출구의 모색과 근대 산업 사회를 향한 분출이 4·19와 5·16으로 현실화되었던 것이다.

[2] 민주주의 혁명(8·15)을 넘어선 산업화 프로젝트

1948년 대한민국 출범으로 만든 민주공화제의 도입과 민주제도의 정착 과정은 한반도의 한민족에게는 정치 혁명이었다. 그러나 민주주의 제도를 도입하는 것 자체는 상대적으로 쉬운 것이었지만, 민주주의를 정착시키며 근대 산업화된 나라로 나아가는 것은 매우 드문 예에 해당한다.

이미 영국 식민지였던 인도와 네덜란드 식민지였던 인도네시아, 혹은 미국과 일본의 식민지를 경험했던 필리핀 등에서 민주적 정치 제도를 전개시킨 바 있지만, 민주제도의 도입이 독립된 개발도상국을 산업화를 포함한 근대 번영 체제로 이끌어내지는 못했다.

국가 주권을 되찾고 민주공화제를 도입하면, 서유럽과 미국과 같은 풍족하고 번영된 삶도 실현될 것이라는 기대는 시간이 지남에 따라 절망으로 바뀌었다.

지난 200년간 세계 각국의 경험 사례가 보여주듯, 주권의 독립과 민주공화제 도입으로 성숙된 민주주의가 정착된다면 전 세계 모두는 다 만족할 수준의 민주주의를 만들었을 것이다. 그러나 제도 도입과 제도의 운영 및 성공적 정치 체제를 만드는 것은 전혀 다른 것이었다.

주권 회복과 민주주의 도입으로 삶의 수준이 개선되는 것은 아니다. 민주제도의 도입은 시행착오적 제도 발전 과정의 시작일 뿐이다. 모든 제도의 정착과 성숙과 마찬가지로 민주주의 발전도 시행착오를 겪어야 했다. 제도의 정착과 내면화 과정이란 시간과 경험의 축적을 거쳐 점진적으로 나아지는 과정이다.

다른 모든 신생 독립국도 그러했듯, 한국에서도 민주공화제의 출범이라는 민주주의 혁명이 있었다. 하지만 민주주의가 제도화되는 과정에서 반복하여 나타난 것은 민주공화제 이전 사회의 전통적 지배의 관습과 봉건 왕조적 권위주의였다.[12]

더구나 근대 시민 사회의 성숙 과정을 거치지 못했고 산업적 기반이 없는 나라에서 갑자기 시작된 선거(election) 중심적 민주주의는, 전통 기득권 구조를 온존시키는 장식물이거나 정치적 혼란과 타락의 온상이 될 뿐이었다.

대부분의 신생 독립국에서 선거는 민주주의의 요체인 것처럼 인

---

12 해롤드 크라우치 저, 신윤환, 전재성 역,『동남아 권위주의의 역사적 기원』, 이매진, 2009.

식되고 있었지만, 실제 현실에서 선거는 근대 국가로 가는 과정에서 겪어야했던 시행착오의 연속이었거나 독재의 합리화 수단이 되면서 대부분 정상적으로 작동하지 못했다. 민주주의란 제도 도입여부가 아니라, 경험을 누적시켜가며 개선시켜 왔느냐의 문제이면서도 근대 산업화라는 경제 기반 위에서 작동하고 있느냐의 문제였던 것이다.[13] 대한민국의 출범은 근대화가 앞섰던 일본과 세계 최고 수준의 근대적 번영 국가이자 민주주의적으로 성숙한 국가였던 미국의 영향을 강하게 받으며 시작되었다.

민족 전체가 일본 식민시와 미국 군정 시기, 3년에 걸친 6·25전쟁 등을 포함하여 무려 40년 이상 직·간접적 접촉을 통해 근대 제도를 이미 경험해왔기에 정치 제도에 있어서 미국적 자유민주적 공화제 이외의 다른 대안적 정치제제를 찾는다는 것도 불가능했다.

그런 면에서 한국은 경제 사회 수준과 별개로 정치적 민주주의가 먼저 도입되어 운용된 불균형적인 '조숙한 민주주의(premature democracy)'였다. 실제 딛고 있는 현실이나 경제 사회적 수준과는 전혀 관련 없이, 서유럽적 근대 정치 제도만 먼저 도입되어 운영되어야 하는 전형적인 불균등 사회였다.[14]

---

13 김광동, 「선거민주주의의 한계와 박정희 시대의 의미」, 『박정희 시대의 재조명』, 전통과 현대, 2006; 강정인 외, 「민주주의의 한국적 수요: 한국의 민주화」, 『민주주의의 한국적 수용』, 책세상, 2002, pp. 38-40.

14 최장집, 『한국민주주의의 조건과 전망』, 나남출판, 1996, pp. 20-23; 최장집, 강명세, 서유럽의 민주주의 제도화 과정: 선거권 확대와 정당, 비례대표 제도, 『유럽민주주의와 노동정치』, 법문사, 1997.

〈표 9〉 1948~60년 기간 전국 단위의 선거

1	1948. 5.10	제헌 국회의원 선거
2	1950. 5.30	제2대 국회의원 선거
3	1952. 4.25	제1대 시·읍·면 의회 선거
4	1952. 5.10	제1대 도 의회 선거
5	1952. 8.05	제2대 대통령 선거
6	1954. 5.20	제3대 국회의원 선거
7	1956. 5.15	제3대 대통령 선거
8	1956. 8.08	제2대 시·읍·면 의회 및 제1대 시·읍·면장 선거
9	1956. 8.13	제2대 시도 의회 선거
10	1958. 5.02	제4대 국회의원 선거
11	1960. 3·15	제4대 대통령 선거
12	1960. 7.29	제5대 국회의원 선거
13	1960.12.12	제3대 시도 의회 선거
14	1960.12.19	제3대 시·읍·면 의회 선거
15	1960.12.26	제2대 시·읍·면장 선거
16	1960.12.29	제1대 서울시장-도지사 선거

　　그럼에도 몇 백년에 걸친 서유럽 민주주의 발전과정은 보지 않고, 단지 선거를 실시하고, 정치적 경쟁이 가능해지면 곧 민주주의로 갈수 있다고 여기던 한국 사회였다. 공산 전체주의의 위협 앞에 세계 최고 수준의 안보적 취약 상태와 불안정 상황에서 스스로 지켜낼 국방력을 갖춘 것도 아니었다. 근대 산업적 기반을 갖추지도

못하고 미국의 원조에 절대적으로 의존하는 경제 상태에서 민주주의라는 이념형적 정치를 구현해내야 했고, 근대 정치적 경험도 없이 반복적인 선거(election)에만 의존했던 것이다.

한국은 민주공화제를 출범시키며 1948년 5월 제헌국회 선거부터, 1960년 12월 지방자치 선거로 서울시장 및 각 도지사, 시·읍·면장 선거에 이르기까지 12년 간 무려 16회의 전국 선거를 치렀다.

신생 독립국에서 민주주의란 이름으로 선거는 끊이지 않았고, 400만 명 이상 살상당한 6·25전쟁 중이던 1952년에도 단 하나의 선거도 취소되거나 연기됨 없이 대통령 선거와 지방자치 선거까지 3회의 전국 선거가 실시되었다.

경제 사회 기반도 없는 원조 의존국이고 전쟁과 전투가 반복되는 나라였지만, 1948~60년에 걸친 격동과 혼란 시기에도 5회의 국회의원 선거는 단 한 번의 예외도 없이 빠짐없이 치러졌다. 1960년 단 한 해만도 3·15 대통령 선거와 7·29 재선거를 포함, 12월에 시·도의회와 시·도·읍·면장 및 시·도지사 선거까지 총 6회의 선거가 실시되었다.

선진국이 하는 선거(election)만 자주 계속하면 서유럽 수준의 나라를 만들 것이라 기대하고, 민주주의라는 이름으로 '선거 공화국'이 되어 있었다. 1948년 민주주의 혁명으로 근대 산업화로 나아가야 했지만 선거 자체가 민주주의가 되었고, 정치적 지배는 곧 사회와 경제 산업적 지배까지를 합리화하였다.

선거가 민주주의도 아니었고, 반복된 정당 경쟁과 선거의 반복으로 바뀌는 것도 없었지만, 민주주의를 선거와 등치시키고 선거에 집착했다. 12년간 16회의 선거 경험을 거쳐 드디어 한국에서는 선거로 민주주의가 발전되는 것도 아니고, 경제적 삶의 질도 개선시켜내지 못한다는 것을 깨달았다.

민주공화제와 선거를 넘어선 근대 산업화라는 다른 길을 찾지 않으면 안된다는 절박한 국민적 합의가 곧 4·19를 거쳐 5·16으로 내달리게 만든 원인이다. 국민들은 선거에 대한 미련을 버리기 시작했었다.

특히 1960년 12월 치러진 서울특별시장과 도지사 선거는 투표율이 불과 39%에 머물렀다. 경제 사회적 문제 해결에 선거(election)와 정치가 미치는 한계에 대한 경험적 인식이 확산되기 시작했던 것이다.

1948년 시작된 민주주의 제도에 따른 국회의원 선거의 투표율 하락도 역시 선거에 대한 국민적 기대의 하락을 의미하는 것이었다. 민주공화제적 첫 선거에서 무려 95.5%, 연이어 91.9%의 투표율을 유지했다. 그렇지만 그 후 지속적으로 하락하여 1960년에는 84.3%, 다시 4년 뒤에는 72.1%로 떨어졌다. 심지어 1960년 4·19 혁명에 따른 7·27 재선거에도 투표율은 84%에 그쳤다.

분명 선거의 반복으로는 산업화와 삶의 질 향상이라는 혁명적 열망을 실현시키거나 혁명적 목표를 달성할 수 없었다. 민주주의와 선거로는 사회 경제적 문제가 해결되지도, 삶의 질이 개선되는 것도 아니라는 것을 명확하게 인식하고 있었다.

⟨표 10⟩ 국회 구성별 선거 투표율 변화

1948	1950	1954	1958	1960	1964
제1대	제2대	제3대	제4대	제5대	제6대
95.5%	91.9%	91.1%	87.77%	84.3%	72.1%

⟨표 11⟩ 1960년 12월, 4차례 전국 선거 및 투표율[15]

구분	인구수	선거인 수	투표자 수	투표율
12월 12일 서울시·도 의회의원 선거	21,526,374	11,263,445	7,595,752	67.4%
12월 19일 시·읍·면 의회의원 선거	19,506,311	10,113,784	7,984,687	78.9%
12월 26일 시·읍·면장 선거	19,506,311	10,285,754	7,752,205	75.4%
12월 29일 서울시장· 도지사 선거	21,526,374	11,346,336	4,399,420	38.8%

선거와 민주주의에 대한 국민 인식도 그랬지만, 박정희를 비롯

---

15 中央選擧管理委員會,『大韓民國選擧社 第一輯(1948.5.10.-1972.10.16.)』, 보진재, 1973, pp. 1409-49.

한 5·16 주도 세력들은 민주공화제 역사가 불과 12년째를 맞는 현실에서, 민주제도에 초점을 맞추고 선거(election)를 반복적으로 시행한다는 것은 무모하고 무책임하다는 것을 인식하고 있었다.

반복된 선거와 정당 중심 정치 체제로는 가난과 실업의 극복은 물론 공업화를 통한 근대 번영 사회 건설이라는 민족적 열망도 실현될 수 없다는 확신을 갖게 되었다.

그렇기에 박정희 대통령이 통치 기간 내내 강조했던 것이 '한국적 민주주의'였고 '우리 몸에 맞는 민주주의'였다. 안정과 질서에 입각한 경제 산업 발전과 민주주의 발전은 궤(軌)를 함께하는 것이지 민주주의가 독자적으로 발전하는 것도 아니고, 설사 사회 경제적 발전과 상관없이 민주주의만 분리되어서 발전하는 것이 가능하다고 하더라도 그것이 경제 발전을 이끌어내는 것도 아니라는 확신을 바탕으로 한 것이었다.

대한민국을 민주공화제로 출범시켜낸 이승만 정부는 자유민주 체제를 수립하고 공산 전체주의와의 대결에서 버텨낸 것만으로도 역사적 의의를 훌륭하게 완수한 것이다.

그럼에도 한국 사회는 선거 중심적 민주주의 체제에서 4·19를 계기로 근대화와 삶의 질 개선을 지향했지만, 민주당 장면 정부에서는 오히려 민주주의의 부정적 현상인 시위 만능과 선거 만능의 시대로 빠져 들어가는 것들이 방치되었던 것이다.

민주주의를 내걸며 질서를 해체시키고 타인의 자유와 참여를 배제하는 현상과 군중 시위가 확산되었지만, 그것들이 민주주의와 자유란 이름으로 정당화되었다. 4·19는 시위가 곧 민주주의로 대변되는 타락된 상황을 전개시켰다. 국회를 장악하는 4·19 희생자 및 유족들의 시위가 있기도 했고, 교사들이 대거 시위에 나서기도 했다.

중·고등학생들의 시위가 일상화되고, 초등학생들도 교사의 전근(轉勤)을 막아달라는 시위를 벌였다. 학생들은 직접 치안을 담당하겠다며 파출소를 점거하며 경찰을 무력화시키기도 했고, 치안 유지를 담당한 경찰관까지 시위에 가담하는 상황들이 펼쳐졌다.

그런 면에서 4·19 이후 1년은 성숙한 토론과 합의의 도출이라는 민주제도를 유린하는 집단 시위와 폭력 정치가 무엇인지 극명하게 노출되며, 다른 대안을 모색하는 기간이기도 했다. 5·16 군부 통치는 4·19로 만들어진 선거중심 정치와 시위 만능 정치를 단절시켜내는 것에서 시작되었다.

5·16 주도 세력은 '민주주의라는 가식적 허울'에 매몰되지 않았다. 민주공화제 12년의 경험과 계속된 시행착오의 결과이기도 했지만, 5·16은 민주주의라는 명분과 허울에 다시 빠져들지 않고 민족적 열망을 산업화라는 방향으로 전환시켜냈다.

박정희 체제가 선거 중심적 민주주의의 길을 거부한 것은, 한국의 산업화와 국민의 삶의 질을 향해나가는 전환점을 만든 매우 '다행스런' 방향 전환이었다. 박정희는 공산체제를 옹호하며 정치 선동과 질서 파괴의 수단으로 펼치는 민주주의에 대해 강력한 반감을 여러 곳에서 표출했고, 그것은 박정희 개인이 아닌 국민의 보편적 인식이기도 했다.

봉건제와 식민 체제를 극복하고 민주공화제를 한반도에 출범시켜 낸 것, 그 자체가 민주혁명이었지만, 다른 한편으로 한국사회에서의 민주주의는 공산주의까지 극복하고 이겨낼 때 비로소 생존할 수 있는 것이었다. 또한 민주주의가 근대 번영 국가를 만드는 데 기여하지 못하거나 장애를 조성한다면, 그것은 그 의미를 퇴색시키는 것이기도 했다.

민주공화제 혁명이 곧 삶의 질에 급격한 변화를 가져오게 할 수 있는 것도 아니었다. 자유민주 혁명이 도입되는 과정의 한국은 공산주의라는 전체주의와 대결해야 했던 사회였다.

민주공화제 혁명이 시작된 지 불과 2년도 되지 않아 발생한 6·25 침략전쟁은 한국의 민주공화제란 공산주의와 싸우면서 지켜지고 만들어지는 민주주의임을 명확히 입증했다. 또한 자유민주 혁명은 제도의 도입으로 만들어지는 것이 아니라, 전체주의와의 대결까지도 승리하지 않으면 안 된다는 것을 보여주었다.

한국의 반(反)제국주의 투쟁의 역사는 일제 식민지만 식민지가 아니라 소련과 중국의 식민지도 또 다른 식민지라는 것과, 공산 제국주의는 일본 제국주의보다 더 가혹한 전체주의적 제국주의였다는 것은 이미 확인되고 국민적 합의를 갖고 있었다.

그런 면에서 이승만 정부가 맞이했던 민주주의 투쟁의 본질도 바로 일본 군국주의를 넘어 이제는 공산주의의 공격으로부터 자유 민주 체제를 지켜내는 것이었다.

이승만이 일본 군국주의나 소련 공산주의 모두가 전체주의이자 제국주의라는 확고한 판단에 따라 대한민국을 이끌어 왔듯, 박정희와 5·16 세력은 물론 『사상계』의 지성들까지도 '국제 공산 제국주의'에 맞서 이겨내야 대한민국의 주권과 민주공화제가 지켜진다는 면에서는 동일한 방향이었다.[16]

한국의 민주주의는 봉건주의의 극복, 식민주의의 극복과 함께 공산 전체주의를 극복하지 않으면 존재 자체가 불가능한 것이었다. 그런 면에서 한국 민주주의 투쟁의 본질은 '반(反)공산적 민주주의'일 수밖에 없었다.

5·16으로 전환시켜 내고자 했던 것은 계속된 선거와 정당 중심적 정치 투쟁에 시달려 왔지만 바뀌는 것이 없는 사회를 극복하는 것이었다. 그것은 건국 이후 민주공화제 12년에 대한 평가와 재해석에 바탕한 것으로, 무엇보다 불과 12년 동안 총 16회나 반복된 국민 선거가 민주주의 성숙이나 산업 경제 발전은 물론 국민의 삶의 질을 개선하는데 핵심적인 것이 아니라는 경험과 반성의 결과였다.

5·16은 민주주의에 대한 개념과 인식에서 이승만 정부는 물론

---

16 Syngman Rhee, Japan Inside Out: The challenge of Today, Fleming H. Revell Company, 1941.

민주당 정부와는 차원을 달리하였다. 특히 4·19 이후 5회에 걸쳐 계속된 선거 중심적 민주주의와는 커다란 차이가 있다.

4·19가 이승만 정부와 마찬가지로 서유럽의 민주제도와 관행, 선거 형식이 한국 사회에 그대로 나타나야 한다는 이념형적 사고와 이상주의적 태도를 견지했다면, 5·16은 그런 형식적 수준을 넘어섰고 민주주의에 대한 해석까지도 달리했다. 4·19는 이승만 정부와 단절하면서도 선거 중심적 민주주의에 집착하였다면, 5·16은 4·19를 계승하면서도 선거 중심 체제와는 단절하고자 했고 모방적 민주주의라는 질곡에서 벗어나고자 했다.[17]

민주주의의 형태는 수입하더라도 그 뿌리까지 수입할 수는 없다.[18]

우리는 서양 사람들이 입는 양복을 그대로 입을 수는 없다. 저고리 소매도 잘라내고 품도 줄여야 입을 수 있지 않는가? 민주주의도 바로 이와 같이 우리 실정에 맞추어야 한다.[19]

---

17 강정인, 『한국 현대 정치사상과 박정희』, 아카넷, pp. 204-229; 발전국가의 지향과 민족주의의 상관관계는, 김일영, 한국에서 발전국가의 기원, 형성과 발전, 그리고 전망, 『한국정치외교사논총』(23집 1호, 2001).
18 박정희, 『우리민족이 나갈 길』, 동아출판사, 1962. (박형규 엮음, 『박정희 대통령 어록: 우리도 할수 있다』, 은행나무동우회, 1999, p. 71).
19 박정희, 제5대 대통령 선거 유세 연설(1963. 9. 28).

5·16과 박정희는 경제 산업적 기반을 만드는 근대 체제를 정착시키고, 그 위에 민주주의가 성숙되는 방향이 맞다고 보았다. 산업이든, 교육 수준이든, 위생 상태든 아니면 삶의 질이든, 다른 제반 수준은 유럽이나 미국과 비교할 때 미성숙하다는 것을 인정하면서도, 민주제도에 있어서는 동등한 수준을 유지해야 하고 그렇지 않으면 반민주적이라는 이분법적 논리에 대한 문제 제기였다.

개별적 문명권이나 국가마다 경험을 통해 축적시켜온 제도적 수준과 경제사회적 기반이 다른 상태에서 단지 정치적 민주주의만은 예외적으로 한국 사회에 선진국과 차이없이 그대로 구현해야한다는 당위와 그렇지 못한 현실 사이에 괴리가 있다는 것을 인정하면서 극복해 나가고자 했다. 그것은 한국이 민주공화제를 도입한 이래 겪은 12년간의 경험을 통해 깨달았던 것이기도 했다.

한국의 문제는 기아와 빈곤과 관련된 '못살겠다!'의 문제이며, 4·19가 지향했던 것도 더 많은 민주주의가 아니라 근대화와 삶의 질을 개선시키는 것이었다는 것에 대한 확신이기도 했다. 이승만 정부가 미처 가지 못한 근대화 민족주의, 그리고 빈곤과 기아를 넘어선 산업사회로의 전환을 민족적 당면 과제라고 본 것이다.

박정희는 서유럽 몇몇 국가의 민주주의 수준이라는 이념형이 한국에 그대로 적용되어야 민주주의라는 유럽적 기준의 적용에 강한 거부감을 표했다. 선거는 민주주의의 필수적 방법이지만 선거가 곧 민주주의와 정치 발전을 의미하지 않는다는 확신을 가졌다. 실제로 아시아에서 형식적 선거가 반복적으로 계속되어온 인도와 필리핀 등은 대안이 될 수 없었고 배울 것도 없었다. 그런 선거는 오히려 기존 지배체제를 온존시키는 수단에 불과했다.

마찬가지로 남미 대부분의 나라에서도 선거는 사회 경제적 발전을 견인하는 수단이 아니라 몇몇 지배 세력 간의 담합과 권력 배분 과정일 뿐이거나, 대중을 현혹시키는 포퓰리즘에 의한 독재 정치적 방법이기도 했다. 선거 없는 민주주의도 없지만 반복된 선거와 정치발전, 혹은 잦은 잦은 선거와 산업경제 발전과의 관계도 결코 명확하지 않았다. 개방적 다양성이나 법치주의의 확립 혹은 안보 질서의 확립이 오히려 더 경제 사회 발전과 상관관계가 있었다.[20]

물론 선거에 대한 5·16 군부와 박정희의 부정적 태도는 산업화의 성취에 대한 자신감을 기반으로 1971년 대통령 당선된 이후에는 대통령 직접 선거를 없애고 간접 선거에 의한 방식으로 가면서, 실질적 국민 선택권을 없애는 헌법 개정으로까지 가게 된 원인이 되기도 했다.

세계 각국에 대한 경험적 분석 결과도 시민적 정치 권리가 보장되고 민주제도가 지켜지는 나라들은, 모두가 경제 산업적 토대를 갖고 제조업과 서비스업을 중심으로 도시화가 진행된 나라들이다.

---

20 김광동, 「선거 민주주의의 한계와 박정희시대의 의미」, 『박정희시대의 재조명』, 전통과 현대, 2006; Chi Eunju, Economic Conditions and the Survival of Democracies in Korea and East Asia, Journal of Contemporary Korean Studies(Vol. 4 No. 2), 2017.

특히 경제 사회적 발전 없는 민주주의 발전이란 없다. 개방적 시장경제에 기반하지 않는 민주주의도 물론 없다. 세계 230개국 중 34개국 전후만 민주주의라고 평가하는 프리덤하우스(Freedom House) 분석으로도, 34개국 모두 세계 평균 훨씬 이상의 국민소득을 갖는 높은 경제발전에 있는 나라의 집합이다.

물론 경제적 기반에서만 민주주의가 발전한다는 M. 립셋(Lipset)의 분석은 5·16 이전인 1959년에 이미 발표되어 있었다.[21] 그러나 박정희와 군부 엘리트들이 경제성장과 일정 정도의 소득수준이 보장되지 않는 나라에 민수주의가 발전할 수 없다는 분석을 접했을 것이라는 증거는 없다. 다만 경험적으로 경제적 번영 없이는 민주주의도 성숙시켜낼 수 없다는 것은 확신하고 있었다. 민주주의를 위해서도 경제 발전이 필요할 뿐만 아니라 당장 국민 대다수가 제도적 민주주의보다는 실질적이고 구체적인 삶의 개선을 요구하는 상황에서 이에 부응하고 성공시켜내는 것이 당면 과제라고 보았다.

1960년 전후에 국가의 번영은 곧 민족의 위상 제고였다. 개인(individual) 개념은 매우 희박한 상황이었다. 일본의 지배를 겪으며 민족의식이 만들어졌고, 연이어 대한민국 건국과 6·25전쟁을 겪으며 민족국가에 대한 의식은 강렬하게 형성되어 있었다.

---

21 S. M. Lipset, "Some Social Requisites of Democracy: Economic Development and Political Legitimacy," American Political Science Review 53(1959).

식민지 경험 및 타 민족과의 광범위한 접촉으로 만들어진 민족 개념은 민족국가를 통한 집단 성취와 위상 제고라는 방식으로 모아졌던 때였다. 선진 문물과 제도를 접하게 되고 상대적으로 우리 민족이 열등하다는 비교의식은 국가 주도적 민족주의를 만드는 동력이었다. 민족과 국가는 동일한 것으로 간주되었고, 민족중흥과 국가 위상은 나의 삶의 질을 결정짓는 것으로 연결되었다.

대중(大衆) 교육과 신문· 방송 같은 대중 미디어, 또한 소설 등의 인쇄 매체를 통한 다른 국가에 관한 인식 확대와 비교는[22] 일본과 미국과 같은 수준의 나라를 우리도 만들자는 열등 극복의 민족주의로 달려 나갔던 것이고, 그 분출로 나타난 것이 바로 4·19와 5·16이었다. 그것은 결코 민주주의라는 정치적 기준이 적용되는 것이 아닌, 근대 산업화 혹은 삶의 질 개선이란 기준에 따라 평가될 수 있는 것이었다.

특히 민주공화제를 전면 도입했던 건국 이후에는 더 이상 제도로서의 민주주의보다는 구체적 삶의 질이 개선되기를 바라는 번영지향적 민족주의로 나아갔다. 그것은 건국 이후 계속된 국회의원, 대통령, 지방자치 선거에도 불구하고 선거와 민주주의가 가져다줄 수 있는 것이 없다는 경험의 결과이기도 했다. 선거는 정치 발전과 민

---

22 Febvre Lucien and Henri-Jean Martin, The Coming of the Book, The Impact of Printing, 1450-1800(London: New Left Books, 1976); Benedict. Anderson, Imagined Communities: Reflection on the Orgin and Spread of Nationalism(London, Verso, 1983).

주주의의 방법이자 수단의 하나이지 더 이상 목적이 될 수 없었다.

1948년 민주공화제 혁명 이후, 민주주의와 선거에 대한 10여 년 간의 집착은 이제 번영된 산업국가를 향한 열정으로 전환되기 시작했던 것이다. 정치적 열망으로부터 구체적인 삶의 개선이라는 경제적 열망으로 전환되어 있었다.

불균형적으로 먼저 발전된 민주공화제와 '조숙한 불균형적 민주주의' 시대를 국민 모구가 강렬하게 경험하고 나서, 이제는 근대 산업화와 번영 민족주의로 달려가는 사회를 5·16이 정착시켜냈던 것이다. 그렇기에 4·19와 5·16을 민주주의라는 기준으로 평가하고 논쟁하는 것은 1960년을 전후한 국민들의 열망과 바람, 그리고 집단적 인식과는 전혀 동떨어진 논쟁이자 무의미한 분석인 것이다.

[3] 민족 번영 국가의 지향

　독립된 국가 주권을 갖추고 공산 제국주의의 침략전쟁을 겪고 난 후인 1950년대 중반부터 한국이 맞이한 과제는 두 가지였다. 첫째는 원조 경제를 극복하고 독자적인 자립경제로 나아갈 수 있느냐 하는 것이고, 둘째는 러시아(소련), 중국, 북한으로 확장된 공산주의의 파도 앞에 선 한국이 미국의 군사 안보적 의존 없이 자주적으로 국가 주권을 지켜낼 수 있느냐의 문제였다.

　그 중 군사 안보 문제는 한·미 동맹의 체결과 2개 사단을 포함한 10만 명의 미국 군이 수도 서울과 군사분계선(DMZ) 사이에 주둔하게 되면서, 미 주둔군의 한반도 철수가 추진되지 않는 한 바로 급박한 위기로 전환되지는 않는 상황이 조성되어 있었다.

　그러나 안보적 지원과는 별개로 미국이 한국에 대한 경제 원조를 계속 줄여가면서, 1945년 이후 15년간 원조에 의존했던 경제는 점점 더 해결하기 어려운 절박한 상황이었다.

1953년 전쟁이 종결된 이후 지속적으로 미국 주도의 원조가 삭감되는 상황에서 독자적 생존 능력의 결여와 산업 경제적 미비와 낙후는, 또 다른 차원의 민족적 위기를 불러오는 위기감이자 당면한 현실이었다.

독립 국가를 만들고 6·25전쟁으로 생존에 성공했지만 만성화된 원조 경제 구조는 안보를 넘어 경제 사회적 위기감을 불러왔다. 전후 미국 원조가 계속 축소되는 한 한국 경제는 점점 더 어려워질 수밖에 없었다.

〈표 12〉에서 보듯 1945년부터 1950년대 중반까지 한국의 경제 상황을 결정짓는 절대 변수는 한국에 대한 미국의 원조 규모였다. 미국 원조의 축소와 전쟁 종결로 한국에 주둔하는 미군의 감축은 그 자체로 커다란 사회 변동과 위기의 요인이었다.

6·25전쟁 이후(1954~59) 6년 평균 성장률은 5.1%를 기록했지만, 그 성장에는 미국 원조가 절대적이었다. 특히 전체 국가 수입 중 미국 원조를 포함한 외국 원조가 차지하는 비중이 72%가 넘는 상황이었다. 미국 원조가 국민 총생산액에서 차지하는 비율이 10%가 넘는 전형적 원조 경제였고, 특히 1950년대 후반에는 수입의 80% 전후를 원조에 의존하는 상황이었다. 미국 등의 원조가 한국 정부 재정에서 차지하는 비중은 50% 전후에 달했다(표 12 참조).

〈표 12〉한국의 '원조 경제' 수준[23]

	총 수입 중 원조 비중(백만 달러)			총 세입 중 원조 비중 (백만 원)		
	총수입	원조수입	원조비중(%)	총세입	원조금	원조비중(%)
1953	345	201	58.3	6,683	796	11.9
1954	243	149	61.3	14,920	4,470	30.0
1955	341	233	68.3	32,378	15,054	46.5
1956	386	320	82.9	n.a.	n.a.	n.a
1957	442	374	84.6	42,459	22,451	52.9
1958	378	311	82.3	47,710	24,580	51.5
1959	304	211	69.4	45,540	18,190	41.5
평균			72.4			39.0

자료 : 한국은행, 『경제통계연보』, 경제기획원, 『예산개요』, 1962 등에 의함.
  *1954년 원조 비중은 1954년 4월~55년 6월간의 15개월을 가리킴.
  *1955년 원조 비중은 1955년 7월~56년 12월간의 18개월을 가리킴. 1956년 자료는
  1955년의 자료에 포함.

전쟁이 종결되고 안정화되기 시작한 1950년대 후반부터 미국
주둔군이 축소되었고, 이에 따른 미국의 원조 규모 또한 지속적으
로 감소하였다. 미국 원조가 최고점에 이르렀던 1957년에는 약 3
억7천만 달러였지만, 그 후부터는 점차 줄어들어 1959년에는 2억
2천만 달러로 축소되었다. 미국이 주도했던 유엔의 원조도 1953
년 약 1억9천만 달러로 최고 수준에서 점차 축소되어, 1957년에 1

---

23 이대근, ibid., pp. 348-350(9.4/13.1) 재인용.

천400만 달러, 1959년에는 다시 250만 달러로 줄어들었다. 지속적으로 확대되어 오던 미국과 유엔 경제원조는 1957년 이후 지속적으로 감소했던 것이다.

1956년 미국 원조가 차지하는 비중이 당시 한국 국민총생산액의 13.3%였다면, 1958년에는 9.3%, 1959년 6.0%로 점차 축소되었다. 한국 사회는 더 이상 원조 경제 방식으로는 국가를 현상유지적으로 운영하기도 어려워졌고, 원조 경제를 넘어설 기반을 갖추지 못하면서 무기력이 계속되는 상황에 있었다.

특히 1956년 대흉작에 따른 추수기 곡식 생산량 수준은 한국 사회의 불안을 가속화시켰다. 국내 저축률은 오히려 8.7%가 감소하였고, 경제성장률은 0.3%로 사실상 성장을 멈췄다. 저축 없는 사회였다. 원조 경제를 극복하고자하는 노력은 계획되었지만, 결과에는 차이가 없었다.

예를 들면, 이승만 정부에서 수출 5개년 계획이 시작된 것은 1957~61년에 대한 수출 확대 계획부터였다. 텅스텐(重石)을 중심으로 한 광산물과 쌀을 중심으로 한 농산물 수출을 확대하여, 1961년에는 1억 달러 수출을 계획했던 바 있다. 상공부의 계획 자체가 광물과 농산물 수출을 전체 수출액의 67%로 하겠다는 구상이었다.

그러나 2년이 지난 1958년에 가서도 5천200만 달러 수출 계획은 불과 31.3%인 1천600만 달러 수준에 머물렀고, 계획 마지막 해인 1961년에 가도 초기 계획의 37.8%에 불과한 3천900만 달러를 넘어서지 못했다.[24] 대한민국의 총수출액이 4천만 달러도 되지 않고, 5년 전 수립했던 수출 계획의 30%대에서 머무는 상황이 계속된 것이다.

특히 한국 사회에서 자립경제라는 것은 체제적으로는 공산 제국주의로부터의 위협에서 벗어난 자립적 경제를 의미했다. 유엔과 미국으로부터의 원조가 중단되어가는 상황에서 자립경제 없이, 북한~중국~소련으로 이어진 거대한 공산제국과 국경을 마주하는 최일선에 붙어있는 대한민국이 독립국가를 유지하는 것 자체부터가 회의적이었다. 공산주의가 아닌 유일한 주변 국가인 일본과 한국은 아직 공식적 수교(修交) 관계도 없었다. 그만큼 한국은 지리적 위치상 독립 국가를 유지하는 것도 쉽지 않았다.

거대한 공산주의 제국은 눈앞에 버티고 있었지만 미국은 1만km도 넘는 태평양 건너에 있는 나라였다. 4·19와 5·16은 공산주의를 거부하는 것에 공통성을 가지며, 반공 투쟁은 확고했다. 하지만 반공 체제를 구축하여 공산주의에 편입되지 않는 나라를 유지하는 것과 경제적 번영 국가를 만들어내는 것은 완전히 별개 사안이었다.

4·19 이후 터져 나온 공산주의와 함께 하자는 세력의 등장은 전쟁과 공산 체제를 경험했던 일반 국민도 그렇지만, 군부 중심의

---

24 이대근, ibid., pp. 341-384.

5·16 세력은 결코 받아들일 수 없었다. 질서와 안정은 자립경제를 만들기 위한 방안이기도 했지만, 빈곤 타파와 국가 재건을 목표로 했던 4·19의 염원을 변질시키고 4·19로 나타난 사회 혼란을 이용하여 친(親) 공산주의적 정치 세력의 의도를 좌절시켜 낼수 있는 최우선적 방안이기도 했다.

독립·민주·반공이라는 기본 질서와 체제 정비가 구성되고, 생존이라는 상황에서 다음 단계로 요구된 것은 당면한 원조 경제의 극복이자 번영된 민족국가의 지향이었다. 독립된 민족국가의 왜소하고도 열위석인 위상을 개선하고, 근대 번영 국가를 만드는 데 박차를 가하자는 것이었다. 그것은 포괄적으로 근대화(modernization)였다.

특히 일본의 식민 체제를 경험했고, 민족적 수난과 울분을 지나 민족적 자괴감이 확산되던 상황이었다. 국민 사이에선 "우리가 이런 정도 밖에 안 되나?"하는 절망감과 함께 스스로 '엽전'이라 비하하며, "엽전들이 다 그렇지!" "엽전들이 뭘 하겠어?"라는 식의 자기 모멸적 인식까지 싹트던 때, 근대 산업화에 대한 염원의 분출은 선거라는 계기를 통해 나타났다.

'못살겠다. 갈아보자!'는 구호는 1956년 민주당의 선거구호였지만, 그 구호는 1950년대 후반을 관통하는 현실을 압축적으로 표현한 것이었다. 그 절박함은 4·19와 5·16을 만들어낸 국민 염원에 기반한 시대적 구호이기도 했다. 전후 복구가 급격히 진행되고 상대적으로 사회가 안정되어갔지만, 급격한 동적 사회의 경험과 근대화된 사회를 직간접적으로 경험해봤던 한국인들은 그런 수준의 변화와 성장에 만족하지 않았다.

1950년대 후반은 근대적 열망이 축적되는 과정이면서도 만족할 만큼 변화가 없는 현실에 대한 불만이 누적된 시기였다. 물론 이승만 정부는 실패한 정부도 아니었고, 아시아 민주주의 역사에 이정표를 세워나가는 민주공화제를 만들어 세웠다. 그렇지만 국민들은 다음 단계로 가 있었고, 그것은 이승만 정부가 채워줄 수 없었다.

근대화라는 과제는 독립으로 해결될 수 없고, 민주주의 도입으로 해결되지 않으며, 결심과 의지로 해결되지 않는 것들이었다. 1948년 이후 한국이 걸어온 근대적 변화가 잘못된 것도 아니었고, 올바른 길에 들어서 있었음에도 변화의 물결을 탄 국민 전체가 갖는 기대 수준과 변화에 대한 열망은 훨씬 높았다.

물론 그런 열망이란 대부분의 다른 신생국들과 마찬가지로 실현시킬 수 없는 이상적인 목표였고, 과잉(過剩)된 열망이었다. 그렇지만 광범위한 경험과 상대적 비교를 통해 스스로를 열등하다고 보고 '따라잡자!'는 목표를 갖기 시작한 이상 통제하기 어려운 수준으로 치달아 있었다.

'못살겠다, 갈아보자!'는 구호는 1950년대 후반과 1960년대를 만들어낸 가장 강력한 국민적 열망이었다. 민주공화제를 만들고 공산주의를 막아낸 이승만 정부든, 아니면 4·19든 5·16이든 그것을 피해갈 수는 없었다. 국민들의 근대를 향한 열망에도 불구하고 현실은 크게 바뀌지 않는 세태의 변화를 요구했기 때문이다.

특히 정치 리더십의 변화로 대대적인 경제사회적 변화를 견인해내는 데는 긴 시간이 필요하지 않았다. 이미 유래 없이 급격한 역동적 사회가 형성되어 있었기 때문이다. 조선시대의 폐쇄적 봉건 왕조도 아니었고, 유교 이념에 근거한 마을 공동체 및 씨족(氏族) 중심 사회는 급격히 해체되고 있었다.

개방 체제에서 서구의 문물을 받아들이기 시작했고, 일본 식민 체제와 일본 유학 등을 통해 일본에서 진행된 엄청닌 근내 체제와 시회 번화를 경험했고, 미국과 미국 군정 체제를 경험한 이상 전통적 체제로 남아있을 수는 없었다. 그 상황에서 '우리도 할 수 있다!'는 민족적 도전이 추진되면서 자기 비하와 모멸적 사고는 4·19와 5·16을 거쳐 결집된 산업국가 건설과 고도 경제성장으로 비로소 극복되기 시작하였다.

제 5 장

4·19의 계승과
5·16 체제의
의미

생산과 성과 중심 사회로의 전환
수출 체제가 만든 글로벌화와 삶의 질 혁신

울산산업단지 전경

[1] 생산과
성과 중심 사회로의 전환

4·19와 5·16 이후 몇 십 년에 걸쳐 펼쳐진 대한민국의 눈부신 변화는 4·19와 5·16의 의미와 상호 관계를 다시 보게 만든다. 4·19 혁명을 딛고 전진시킨 5·16 체제의 예외적 성공은 이승만 정부와 4·19 혁명, 그리고 장면 정부가 실현해낼 수 없는 영역으로 한국 사회를 진입시켜냈다.

쿠데타로 시작된 5·16 체제가 지켜내고자 했던 핵심 정책은 목표 지향적 생산 체제의 구축과 성과 중심적 사회의 정착에 있었다. 생산 지향적이고 성과 중심적 사회는 근대 사회의 본질이기도 했지만, 그것은 정치 중심적인 봉건 폐쇄 사회와 신분 및 계급 중심적 사회와의 단절이기도 했다.

그것은 5·16 쿠데타가 만들어낸 위대한 단절이었고, 그 단절의 본질은 500년 조선 사회와의 단절이었다. 5·16을 기점으로 산업화

사회가 구축되고 성공할 수 있었던 것은 5·16 주도 세력이 스스로 정치 중심적 지배 권력을 만드는 것을 거부하고, 생산과 성과 중심적 사회를 만든 것에 있다.

모든 군사 쿠데타는 권력을 잡는 데는 성공할 수 있지만 쿠데타가 내건 목표 달성에는 실패로 귀결되기 마련이다. 군부는 안보와 질서 중심의 조직이기에 생산 조직이거나 산업 조직을 이해하기 어렵고, 대부분 폐쇄적 민족주의로 가는 경향을 갖기에 국제 변화에 대응하기 어려운 집단이다. 대중 봉기도 그렇지만 군인들의 권력 지향적 쿠데타는 그 자체로 실패를 내포하고 있다.

이집트와 리비아, 짐바브웨 등 아프리카 국가와 20여 차례 계속된 태국이나 미얀마 등의 군사 쿠데타는 물론이고, 남미 국가의 거의 모든 쿠데타 정부는 산업 성장을 주도하는 근대화 주역의 역할을 감당하지 못했다. 그렇기에 2016년 태국의 군사 쿠데타와 2017년 짐바브웨 쿠데타를 지켜보며 국제사회는 그 나라가 달라질 것으로 전망하거나 기대하지도 않는다.

군은 효율적 생산 조직도 아니고, 본질적으로는 전투를 수행해 내기 위한 명령과 복종이라는 지배적 관계를 본질로 한다. 그렇지만 박정희 체제는 지배적 관계를 안정적 질서 유지와 일관된 추진력으로 전환시켰고, 그 방향을 산업 생산과 국토 건설에 두었다. 한국에서 있었던 5·16 쿠데타는 완벽한 예외가 되었고, 극적인 성공으로 귀결되었다.

모든 나라의 군부가 다 그렇듯, 5·16 이후 군(軍)도 본질적 속성상 정치권력 중심적이면서 사회와 시장을 대상으로 한 착취자로 갈 가능성이 농후했다. 더구나 한국은 참혹한 전쟁을 겪은 지 몇 년 되지 않은 나라이면서도 여전히 공산 전체주의 국가와 가장 격렬한 대치가 계속되는 나라였다. 군부가 가질 위상과 힘은 권력을 좌우할 만큼 압도적이었다. 청와대 습격 사건과 울진 삼척 사건 등 북한 공산 체제의 공격과 위협 등을 거론하며 경제건설보다 강권적 독재로 갈 명분은 충분했지만 그 길로 가지 않았다.

대신 박정희 군부 체제는 군과 어울리지 않게 수출(export) 전쟁으로 나아갔다. 군 지도자가 무기를 가진 군대와 군인을 동원하지 않았고, 대신 기업과 근로자를 동원하여 국제무대로 나아갔다. 대외 수출을 전쟁처럼 치러내며 생산성 확대에 기반한 근대 산업화에 목숨을 걸었다는 사실은 다른 쿠데타와 전혀 다른 양상이었다. 쿠데타 세력이 가야할 길과 정반대의 길을 갔고, 그것은 쿠데타로 권력을 장악했던 대부분의 신생 독립국이나 개발도상국과 전혀 다른 결과를 가져왔다.

5·16 군부는 정치권력을 장악한 후 시민 사회와 기업과 시장에 대한 지배와 착취로 가지 않고, 스스로가 산업화의 기수이자 선도자임을 자처했다. 그런 사실에서 박정희의 군사 쿠데타는 정치적 지배나 권력을 나누기 위한 쿠데타라기보다 근대화를 추진해보겠다는 쿠데타였다. 그랬기에 정치 지배적 권력 관계를 구축하지 않

고 정부의 운용을 산업 생산과 기업 중심적 체제로 만드는 데 집중하였다.

실제 최고 지도자가 된 박정희는 노동 집약적인 전형적 농업 사회를 경험한 이후 일본과 만주, 미국 등 근대 산업국가를 체험하게 되면서 부국강병론적(富國强兵論的) 세계관을 형성했고, 낙후된 현실을 바꾸겠다는 강한 근대 산업혁명적 가치관을 갖고 있었다. 물론 다른 신생 독립국의 군부 엘리트들도 부국강병에 대한 비슷한 목표를 가졌던 것은 맞지만, 박정희가 지향했던 가난 극복과 빈곤 타파라는 목표는 권력 중심석 정치 엘리트나 군부 엘리트들과는 차원이 달랐다.

아름답게 장식한 귀부인보다도 / 명예의 노예가 된 영웅보다도
태양을 등지고 대지를 일구는 농부(가) / 고귀하고 아름답다

시기를 달리해 박정희가 쓴 두 편의 시(詩)를 보면 그가 얼마나 가난과의 싸움에 간절했는가를 가늠해볼 수 있다. 먼저 1917년생인 박정희가 19세인 1936년 대구사범학교 시절 학생 때 「대자연」이란 제목으로 교지에 기고한 시를 보면, 노동과 생산에 대한 남다른 강렬한 인식을 보인다.

그는 시에서 '아름다운 장식'과 '명예의 노예가 된 영웅'과 대비시키며 '대지(大地)를 일구는 농부'의 고귀함과 아름다움을 말하고

있다. 생산하는 노동에 대한 아름다움을 표하는 인식 구조는 반복
적으로 나타났다.

5·16 이후 박정희가 40대 후반에 쓴 시에도 거의 유사한 가치
지향과 미적 표현을 하고 있다. 그는 '시집을 읽는 예쁜 손'을 가진
소녀를 아름답게 보는 것이 아니라 '일을 하지 않고 만든 고운 손'
이라며 미움을 표현하고 있다.

박정희의 가치 구조가 얼마나 생산과 일하는 것에 가치를 부여
하고 소중히 하는가를 절실히 느낄 수 있다. 권력과 정치 중심적
군 출신 지도자의 인식이기 보다는 일하고 생산하는 것에 대한 아
름다움과 고귀함을 두는 것이 5·16과 박정희의 본질이었다.[1]

땀을 흘려라 / 돌아가는 기계소리를 노래로 듣고
블란서 시집을 읽는 / 소녀야 / 나는 고은 네 손이 밉더라

대구사범 학생 시절과 5·16 혁명 이후 대통령의 위치에 있던 박
정희의 시는 20년 이상의 시차가 있지만 놀랄 만큼 동일한 문제의
식을 바탕으로 하고 있다. 더구나 두 편의 시는 모두 강렬한 저항
과 혁명 의식을 표출하고 있다.

박정희가 쓴 두 편의 시(詩)를 언뜻 보면 그것은 일하지 않고 누

---

1 박정희, <대자연>, 「교우회지」 제4호(대구사범 5학년), 1936.

리는 데만 익숙한 '지배층'과 '기득권'에 대한 항거와 도전으로 보일 정도이다. 노동 계급이 혁명을 고취시키기 위해 쓴 저항시(抵抗詩)의 수준이다.

한편으론 노동하는 사람들의 고귀함과 함께 일하는 사회를 정립하겠다는 것이지만, 전반적으로는 봉건적 신분 구조를 극복하고 누구나 일한 만큼 평가받으며 근면 성실하게 일한 사람이 더 잘 살아야한다는 강렬한 근대 사회로의 지향이었다.

박정희 정부는 생산에 대한 강조와 성과(成果)에 대한 보상이라는 정당한 근대적 가치를 확고히 자리 잡게 만들며 산업화를 기반으로 한 번영 사회 구축에 박차를 가하게 된다.

성과 중심 사회로의 변화는 연고(緣故) 중심 사회, 신분(身分) 중심 사회와의 결별이기도 했다. 5·16 이후 박정희 정부는 생산에 대한 긍정적 가치관을 정립하였고, 근면 성실이라는 노동 윤리가 작동되도록 하였다. 강한 민족주의를 실용적 생산과 번영 사회 구현이라는 방식으로 내면화하고자 했다. 권력과 지배라는 정치가 아니라 노동, 근면, 건설 등이 선한 가치로 확립되는 과정이었다.

근대 선진국에서 보았던 산업(industry) 혁명이란 국민적 차원의 근면(industry) 혁명으로 가능한 것이었다.[2] 국민 보편적으로 근면

---

2 Jan de Vries, The industrial Revolution and the industrious Revolution, The Journal of Economic History, vol. 54. no. 2, 1994; 하야미 아키라 저, 조성원, 정안기 역, 『근세 일본의 경제발전과 근면혁명: 역사인구학으로 본 산업혁명 vs. 근면혁명』, 혜안, 2006.

(industrious) 혁명이 일어나는 곳에서 산업혁명이 나타난다는 것에 예외가 없듯, 한국 사회 또한 5·16을 계기로 근면하고 성실하게 일하는 체제로 전환시켜내었다.

생산 중심과 성과 중심이란 주관적 기준이 아니라, 국제적 차원에서 소비자에게 평가받고 선택받는 기준에 의한 수량적 결과로 입증해야만 했다. 근면한 노동은 그 자체로 끝나지 않고, 투입된 노동량과 산출된 노동 결과물을 통계적으로 비교하면서 지속적으로 비교 열위된 산업 부분은 축소하고, 비교 우위가 정착된 산업 부분은 확대하면서 국제 분업 체제에 참여하는 방식이었다. 물론 그 가속화된 형태가 각 국가의 산업혁명이다.

박정희 시대에 나타났던 '대지를 일구는 농부의 아름다움'이나 수출 입국 혹은 새마을운동도 모두 근면(industry) 혁명에 토대한 산업혁명을 지향하는 것들이었다. 만약 그것이 노동력 집약과 노력 동원을 끌어내기 위한 근면 혁명이었다면 그것은 공산주의 러시아의 '스타하노프 운동'이나 공산주의 중국의 '대약진 운동'이 되고 말았을 것이다. 또한 그것은 북한의 '천리마 운동'과도 커다란 차이가 없었을 것이다.

그러나 한국에서의 근면 혁명은 노력 동원적 방식이 결코 아니었다. 과학 기술에 입각한 생산성 확대를 중심에 두면서도 생산품의 대상을 자급자족적인 것을 위해서가 아니라, 세계 시장을 대상으로 한 개방 구조적 근면 혁명이었다.

근면한 노동과 선진적 기술(technology)과 자본(capital)을 결합하는 방식이었다. 군이 나서는 것이 아니라 기업과 과학 기술 엘리트가 주도하게 만드는 방식으로 스탈린이나 마오쩌둥(毛澤東)과도 근본적으로 달랐고, 다른 군부 정부들과도 근본적으로 달랐다.

생산과 업적 중심 사회는 전통적 가치관을 근본적으로 바꿔냈다. 많이 생산하고 수출하는 사람을 국가 공로자로 인정하고 훈장(勳章)이 주어진다는 것은 전통적 한국 사회에 전혀 다른 가치관이 형성되는 과정이었다.

전통사회의 오랜 역사에서 훈장이란 공직자와 군인들이 받는 것으로 생각되어왔다. 계급적 사고에 익숙한 군사 정부가 산업 생산과 수출 기여자를 사회적 존경의 대상으로 삼고 국가훈장을 수여한 것은 그 자체로 전통사회와의 단절이었다. 고위 공무원이나 군인이 되어 높은 계급에 올라 지배적 위치에 오르는 것을 다들 성공과 출세 모델로 여기던 기존 가치관을 뒤흔든 '혁명적 이탈'이었다. 이제는 봉건적 계급구조에서 신분 상승하는 것이 출세하고 성공한 것이 아니라, 남들이 필요로 것을 생산해내고, 기업을 만들어 세계 시장에 진출하고 수출 많이 하는 것이 훈장 받는 사회로 전환하게 된 것이다.

TV와 라디오의 보급에 따른 확장된 대중 매체는 물론 영화 상영 전의 「대한뉴스」 등에 등장하는 수출 기업과 기업인은 모두가 국민적 존경과 부러움의 대상이 되었다. 게으름으로 상징되고 평가받던 전통 조선 사회는 대한민국 건국과 5·16을 거치며 사회 전체가 급속도로 생산과 업적 중심적 사회로 전환되고 있었다.

대중 교육과 시험 제도의 정착 또한 엘리트층이 한국사회를 효율과 업적 중심 사회로 바꾸는데 커다란 역할을 했다. 인재에 대한 평가 기준이 없는 사회일수록 부모·출신·신분 등을 따지게 된다. 그러나 체계적 국민교육이 이루어지고 각 초등학교, 중학교 및 고등학교마다 치러지는 시험에 따른 학교 배정과 졸업 성적에 따른 상위 학교 진학과 취업이 좌우되는 사회 구조가 엄격하게 확립되면서, 비록 학교 성적이 주요 기준이지만 보다 철저하게 업적 중심의 사회로 나아가게 되었다.

다층적 국가시험(national examination)제도가 광범위하게 적용되면서 교육 수준과 시험 결과에 따른 엘리트층의 형성과 재편은 한국 사회를 급격하게 효율성과 업적 중심 사회로 이전시키게 만들었다.

신분, 출신, 부모의 영향력, 연고 관계 등 소위 '백 그라운드(background)'에 따라 좌우되던 사회에서 급격하게 학교 성적과 국가 차원 시험 결과, 그리고 업무의 성과 결과로 대체되었다. 국가시험 제도와 성적 중심의 취직 제도는 사회의 모든 영역에 도입되고 그가 누구든 객관화된 시험을 치지 않으면 인정받기 어려웠다.

근대적 시험 제도는 새로운 엘리트의 창출과 지배 정당성의 근간이 되었다. 특히 한국에는 과거(科擧) 제도가 수백 년간 존속되며 통치 엘리트의 형성을 만들어왔기에 근대 한국에서의 국가 규모의 시험 제도는 매우 익숙한 것이었다. 이는 전근대 시대에 엘리트 지배의 정당성을 부여하는 기반이기도 했지만, 근대 시험 제도는 봉건적 충원 구조와 단절하는 강력한 방법이었다. 극소수의 양반 귀족 자제들에게만 한정되었던 과거제도라는 전통적 엘리트 충원 방식이 행정적 국가 공무원을 충원하는 방식으로 변화한 것이다.[3]

그 정점에서 한국 사회는 대학 졸업 엘리트와 사관학교 엘리트 층이 만들어졌고, 그들이 4·19와 5·16 이후 지식층의 전면적 동반 진출을 가져왔다. 4·19는 고등교육을 받은 교육 엘리트를 대변했고, 5·16은 체계적 교육의 상징인 사관학교 엘리트를 대변했다.

그리고 근대 교육을 공통된 바탕으로 하면서도 4·19의 학생들은 합리주의를 대변했고, 5·16의 군은 목표 달성주의를 대변하였다. 특히 박정희로 대변되는 당시 군사정부는 산업국가를 향한 목표 지향과 산업 생산력 및 효율성에 대해 강하게 집중했고, 그것은 군의 특성이기도 했다.

박정희 정부는 1965년 정부의 구호를 '일하는 해'로 했다. 그리고 다시 1966년이 되자 '또 일하는 해'라고 했다. 성실하고 근면하게 일한다는 것은 무질서와 혼란으로부터의 단절이며, 봉건적 관

---

3 M. Jae Moon, Origins of the Developmental State in Korea and Global Implications, 『Korea and the World』, 대한민국 역사박물관, 2015.

행을 벗어던지고 근대적 산업사회를 만드는 과정이었다. 특히 자유당과 민주당의 정치 중심적 사회와 단절하며 산업 경제와 국토 건설 중심으로 나아갔다.

물론 그것은 학생들의 번영 지향적 민족주의와 민주당의 경제제일주의를 그대로 계승하였고, 근대적 과학 기술 엘리트와 연대했던 것이었다.

혁명이든 쿠데타이든 그것은 과거와의 단절이었을 가능성이 높았지만, 5·16으로 만들어진 체제는 이승만 정부~4·19~민주당 정부로 이어진 경제건설과 근대 번영에 대한 지향을 계승하며, 그 목표를 달성하기 위해 사회 전체를 획기적으로 재편하고자 했다.

쿠데타라고 해서 군이 권력을 독점하고 좌우하는 사회가 아니라, 기업과 산업 주체가 주도할 수 있는 여건을 만드는 데 주력하였다. 그런 면에서 쿠데타를 주도한 군의 권력 지배 성격이 관철되기는커녕, 군과는 아무 관련성 없는 산업 건설과 기업 주도의 방향으로 나아갔다.

둘째, 대부분의 쿠데타 역사가 보여주듯 군은 민족적이며 폐쇄적이기는 쉬워도 국제주의적 개방 사회를 만들며 경제건설로 나아가기는 거의 불가능하다. 그럼에도 한국에서의 쿠데타는 예외의 길을 걸었다. 군의 속성과 다른 자유 개방적 체제로 나아갔다. 그것은 다른 나라의 군사 쿠데타들과는 전혀 다른 방향성이었다.

그렇다고 5·16 쿠데타가 처음부터 수출 주도적 개방 경제를 지향했던 것도 아니다. 초기에는 다른 나라의 군부 정부와 마찬가지로 외국으로부터의 수입품을 대체하기 위한 수입 대체적 소비재 산업 육성안(案)을 추진하였다. 제1차 5개년 경제계획안(1962)을 보더라도 그 내용은 수입을 대체할 소비재 산업에 대한 육성 지원안이 대부분이었다.[4]

그것은 이승만 정부와 민주당 정부와도 차이가 없었지만, 박정희 정부는 곧바로 세계 경제 시스템을 이해하고 한국이 할 수 있는 분야를 중심으로 수출 주도적 경제로 나가고 더 이상 일관성을 잃지 않았다. 그것은 목표와 성과를 중시하는 5·16 체제가 갖는 장점이 발휘된 결과였다.

박정희 정부가 군 중심의 쿠데타 세력이 범하기 쉬운 폐쇄적 민족주의의 길을 확연히 벗어던진 것은 수출 체제를 만들면서이다. 우리가 사용하는 것은 우리가 생산하자"는 식의 '수입 대체적' 산업정책이 당연시되던 상황에서, 거의 모든 신생 독립국이나 개발도상국, 특히 민족주의적 사고가 지배되던 나라들이 걷던 방식을 포기한 것이다. 시행착오를 과감히 인정하고 장기영(張基榮) 경제부총리 체제를 만들면서 정부 정책은 전반적으로 증산과 수출, 건설로 집약된다.

그것은 권력 중심적 군부가 취하기 어려운 방향이었다. 어떤 특

---

4 오원철, ibid. 제1차 5개년계획안은 5·16 이후 약 7개월 후인 1961년 12월 10일 확정되었다고 한다.

정 국가가 국제적 분업 구조에 들어가게 되면 그 독립 국가의 독립성과 자율성이 침해되고 결국 지배 권력은 취약해진다는 전통적 사고로부터 5·16 군부는 과감히 탈피하였다.

박정희 정부는 5·16 이후 약 2년간의 짧은 기간의 시행착오를 거쳐 국제시장의 규모에서 볼 때 한국과 같은 소규모 경제로서는 수입 대체 산업화를 통한 경제 개발은 불가능하다는 판단에 따라 드디어 세계를 향한 시장 개척과 무역 자유화의 길로 들어선 것이다.

산업 생산과 성과 중심 사회를 만드는 과정이 곧 소모적 논쟁과 선거 중심적 정치 영역의 축소로 나타나는 것은 당연한 귀결이었다. 반복되는 잦은 선거는 '민주주의'라는 평가를 받는데 도움 될지 모르지만 국민에게 도움 되지 않는다는 것을 이미 12년간 16회의 전국 선거를 통해 확인했던 것이다.

박정희는 국민의 삶이 개선되고 성장의 혜택이 확대되어 누릴 수 있는 사회로 간다면 본인이 독재라고 비판받는 것에 대해 개의치 않았다. 박정희는 한국 사회에 존재하는 '반대를 위한 반대'가 극복되어야 번영되고 성숙한 사회로 나아갈 수 있다고 여러 차례 표현하였다.

그러면서 그는 "내가 만일 야당의 반대에 굴복하여 '물에 물탄 듯' 소신 없는 일만 해왔더라면 나를 가리켜 독재자라 말하지 않았을 것입니다… 야당이 나를 아무리 독재자로 비난하든 나는 이 소신과 태도를 고치지 않을 것입니다… 반대를 위한 반대의 고질(痼

疾)이 고쳐지지 않는 한 야당으로부터 오히려 독재자라 불리는 대통령이 진짜 국민을 위한 대통령이라고 나는 감히 생각합니다"[5]라고 분명히 밝힌 바 있다. 독재로 불리는 걱정보다는 근대 산업화가 추진되지 못하는 것을 우려했던 것이다.

전형적 농업 사회에서는 대부분 민주주의가 발전하지 못한다. 또한 산업 사회가 아닌 자원 중심적 경제, 혹은 국가 주도적 산업 경제에 머무는 나라에서 민주주의가 발전하지 못한다는 것이 200여 국가의 역사에서 나타난 결론이다. 민주주의는 도시의 형성과 시민 사회의 형성과 비례하는 것이고, 산업에 기반한 도시와 국가로부터 자율적인 시장에 기반한 시민 사회의 형성 없이 민주주의도 성숙되지 않는 것이다.

물론 자유로운 기업 활동이 없거나 국가 규제가 강한 곳에서도 민주주의는 싹틀 수 없다. 달리 말하면 근대 산업화로 만들어진 도시와 중산층, 그리고 국가로부터 독립된 자율적 시민 사회의 형성 결과로 한국 민주주의도 1987년을 전후하여 더 성숙된 것이다. 도시 형성과 산업 사회로의 변화와 함께 형성된 시민 사회와 중산층이 형성되면서 민주공화제의 실질적 발전으로 나아가는 가장 전형적 발전 경로를 한국은 압축적으로 걸었던 것이다. 그런 발전 모델을 1960년 이후 30년에 걸쳐 보여주고 완성해낸 것이다.

---

5 박정희, 제6대 대통령 선거유세 연설문(1969. 10. 10).

특히 산업화와 도시화를 포함한 경제발전에 토반하지 않은 민주주의란 선거(election)의 반복만을 의미할 뿐이다. 오히려 선거가 반복될수록 시민과 유권자의 공허함은 커질 수밖에 없다. 삶의 수준에 변화가 없이 단지 선거가 계속되며 민주주의가 유지된다는 국가에서는 유권자가 주권자이고, 나라의 주인이라는 '작위(爵位)' 부여는 처음에는 자부심이지만 시간이 지날수록 권위적 지배를 위한 정당화 수단이라는 것을 절감하게 된다.

그런 의미에서 더 많은 민주주의와 민주 혁명과 같은 것은 1960년 전후 한국 국민이 요구한 것이 아니었다. 한국 민주주의는 이미 1948년 민주 혁명을 통해 사회 경제 수준과 상관없이 비(非)대칭적으로 발전되어 있었다.[6] 국민적으로 요구된 것은 안정적 질서와 지속적 번영, 삶의 질 변화였다.

근대화와 산업화된 사회를 지향하는 자각과 민주주의에 대한 공허함의 탈출구가 바로 1956년 선거부터 상징이 된 '못살겠다, 갈아보자!'로 표현된 것이다. 4·19와 5·16을 거치며 선거와 정치 중심적 불균형적 사회가 드디어 경제 산업적 성장으로 나아가기 시작한 것이다.[7]

한국도 18년간의 박정희 체제를 거치고 부분적 위기국면을 거

---

6 김광동 외,『한국 현대사 이해』, ibid.

7 강정인, ibid., p. 61. 강정인은 서유럽 민주주의가 몇 백 년에 걸쳐 진행되었다는 것을 보아야 한다는 것과, 그런 측면에서 한국 민주주의 역사를 자기 비하적으로 '일탈', '파행', '왜곡'이라 보는 시각은 시정되어야 한다고 밝힌 바 있다.

쳐 다시 1980년대 중반 전두환(全斗煥) 체제로 안착되고 노태우(盧泰愚) 정부로 계승되면서 전통 농업 사회와는 전혀 다른 사회로 성장하고 변신하는 데 성공할 수 있었다.

경제성장, 대규모 흑자 경제의 정착, 그리고 만성적 불안과 주권 위협의 대상이던 북한에 대한 압도적 우위 확보와 같은 제반 요소 덕에 1948년 민주주의를 뛰어넘는 실질적 성숙의 단계로 넘어갈 수 있었다. 민주공화제 출범인 8·15 건국 이후, 4·19와 5·16은 모두가 근대 산업국가를 향한 거대한 과정이었고, 또 성공의 과정이었다. 그림에도 한국 사회에서 4·19와 5·16을 '민주'와 '독재'라는 정치적 이분법으로 보는 경향만 자리 잡고 있다.

한국 근·현대 정치에 1948년 8·15는 명백한 '민주 혁명'이었고, 6·25전쟁 이후의 4·19와 5·16은 빈곤 타파와 경제건설을 향한 '산업혁명'이었다. 4·19와 5·16은 기아와 빈곤을 극복하기 위한 경제 재건과 국토 개발이라는 매우 강력한 공통된 기반에 서 있다.

모두가 경제건설과 재건을 말하며 '근대화된 조국'이란 민족주의의 실현을 염원하고 있었다. 그림에도 정치적 시각과 '민주주의'라는 잣대로만 본다면, 그것은 4·19와 5·16을 전후한 1960년대 모두가 땀 흘리며 참여한 근대 산업화라는 대한민국이 만든 세계사적 역동성을 부정하는 것이다.

[2] 수출 체제가 만든
글로벌화와 삶의 질 혁신

　동적인 사회의 근면한 국민을 세계와 연결시켜 전통적 사회를 근대적 한국 사회로 변화시키자는 것에 대한 민족적 합의는 형성되었지만 그것을 실현시키는 과정은 객관적 기준에 의해 측정되고 평가되어야 했다. 그렇지 않다면 그것은 다시 추상적·구호적 사회의 반복이고 명분적 사회로의 복귀에 불과했을 것이다.

　생산과 성과 중심 사회를 측정 평가하는 잣대와 기준은 생산량과 생산성이었지만 그보다 명백한 기준은 국제사회가 필요로 하고 선택하는 것을 공급하는 능력이었다.

　더 많은 생산량과 더 높은 생산성보다 더 확고한 기준은 세계가 요구하고 선택하는 것이었다. 그것은 바로 수출 체제를 확립하면서 정착된 것이다. 국제 시장에서 상품을 판 결과로 측정되는 수출량이 지표가 되었기에 수출은 사회 전체를 재편해내는 표준이자 국제기준으로 작동했다. 수출체제의 확립은 전통 사회와 산업을 재편시키는 동력(動力)이었다.

수출 체제와 수출 입국을 만든 것은 수출을 통해 경제적 번영을 추진하는 것을 넘어 국제사회에서 선택받고 받아들여지는 물품을 만들고 공급하는 능력이었다. 또한 그것이 바로 국가 전체를 근대 산업사회로 재편해내는 혁명이기도 했다. 한국이 만든 것을 국제사회 소비자들이 필요로 하고 비용을 지불해가며 구입한다면, 그러한 과정이 곧 글로벌화(globalization)였다.

결과적으로 군이 주도하고 기업이 나서서 펼치는 '수출 전쟁'은 글로벌 기준을 향한 민족 역량의 결집이자 번영 국가를 지향하는 민족주의 투쟁이었다. 수출로 나라를 다시 세우겠다는 수출 입국(立國)은 제조업 중심의 산업국가의 지향과 세계 수준의 무역국가로 향해가는 과정에서 한국 사회를 근본적으로 바꿔놓은 추진력(driving force)이었다.

한국이 수출 중심 사회로 재편된다는 것은 몇 백 년 간 한반도에 존재했던 쇄국(鎖國)과 폐쇄 사회가 수동적 의미의 개국(開國)이나 개방 사회를 지향하는 차원을 넘어, 스스로 적극적인 자세로 세계를 향해 찾아 나서기 시작했다는 것이다. 수출 경제는 세계인들이 원하고 필요로 하는 것을 만들어 제공하겠다는 것이고, 그것은 국제사회와 함께 하겠다는 것이다.

특히 국제사회가 선택할 만한 것을 만들어 제공하는 산업국가로 가겠다는 것은, 다른 한편으로 국제사회의 글로벌 스탠다드(global standand)를 지향하는 것이다. 그것은 봉건 사회 및 전통 사회와의 완벽한 결별 과정이었다.

수출하기 위해서는 기술을 개발해야 하고, 상거래 관행에 익숙해져야 하며, 외국어와 외국에 대한 교육을 받아야 하고, 국제 수준의 제품을 만들어내야 하는 총체적 변화를 수반한다.

특히 냉전 체제에서 북한·중국·러시아 등과 수교 자체가 없는 상황에서 무역한다는 것은 결국 유일무이한 주변국이 된 일본과 태평양 건너 미국과의 무역에 전념해야 하는 것이기도 했다.

일본과 미국이란 1960년대 기준으로는 세계에서 가장 선진적 경제 및 무역국가였다. 그렇기에 일본 및 미국과 무역할 수 있는 산업과 수출 체제를 만든다는 것은 곧 선진적 근대 체제를 지향하는 것이었다. 5·16 체제가 정치선전으로서의 민족중흥, 혹은 자립 경제와 같은 추상성이 높은 목표만을 세워놓고 상투적 구호로 삼거나 지배적 정당성을 강화하기 위한 선전용으로 삼았다면, 대한민국의 번영 체제를 이룩하는 것은 불가능했다.

그러나 수출은 생산성과 경쟁력이 확보될 때 가능한 것이고 명확하게 계량화된 결과로 나타난다. 또한 수출체제가 확립되기 위해서는 근대적 기업들이 형성되어야 하는 것은 물론이고, 사회간접자본(SOC)의 확충과 세계시장에 나가기 위한 국제규범의 체득 등 사회가 전반적으로 재편되어야 했다. 바로 그런 수출경제의 형성을 통해 한국에 근대 산업화 체제가 갖춰지고 정착된 것이다.

4·19 혁명이후 민주당 정부가 국토 재건과 경제 제일주의를 내걸었을 때, 그것은 국민 모두가 염원하던 의지와 방향에 대한 합의에 머물렀을 뿐이지 강력한 집행력과 구체적 실천으로 까지는 나아가지 못했었다.

그러나 4·19를 넘어선 5·16은 민족적 과제의 달성을 구체적으로 생산 확대와 수출 확대로 집결시켜냈다. '경제건설에 매진하자' 혹은 '산업화를 추진하자'는 구호 중심적 사회를 넘어설 수 있었던 것은, 국제사회가 평가하는 수출 실적이라는 구체적이고 명백한 잣대로 평가되었기 때문이다.

국제사회가 원하는 것을 공급해 줄 수 있는 수출 역량을 중심으로 한국 경제가 전반적으로 재편된 것이다. '민족 경제' '자급자족' 혹은 '수입 대체 산업화'라는 추상적이고 명분적인 산업은 존재할 수 없었다. 박정희 정부는 시행착오를 겪었지만 산업화 체제의 구축은 수출 산업으로 나아가면서 빛을 보기 시작했고, 1964년 전후로 확고히 구축된다.

'수입 대체 산업'이나 '민족 자립'이란 추상적 명분이며 실현하기 어렵다는 것을 깨닫게 되면서 한국의 산업 경제는 전혀 다른 영역으로 나아갈 수 있었다. 5·16 군사 쿠데타가 성공 체제를 낳은 것은, 군인이나 정치 권력자들이 권력 투쟁과 군사 전투가 아닌 전 세계를 대상으로 '수출 전쟁'에 나서면서 가능했던 것이다.

수출 전쟁은 기업이 치르는 것이고, 기업은 전쟁에 임하는 군대와 같았다. 전쟁 승리를 위해 군대가 육성되듯 수출 전쟁에서 기업은 정부 지원을 받아 세계 시장에 나가 전투해야했다. 따라서 기업을 지원하기 위한 구로, 창원, 구미, 포항 등 산업단지(産業團地)가 구축되었다.

또 기업들의 활동과 물류 체계를 지원하기 위한 경부고속도로와 같은 사회간접자본(SOC)이 대대적으로 투입되었다. 제조업 중심의 산업국가를 만들기 위한 기반으로 포스코(POSCO) 건설과 같은 철강(鐵鋼) 산업이 육성되고 에너지 공급 방안으로 석유화학 산업이 육성되었다.

수출 기업과 기업인에 대한 명예는 사회적 최고 가치의 하나였다. 1965년 이후 대통령이 주도하는 '수출 진흥 확대회의'에서의 평가는 물론이고, 매년 열리는 '수출의 날'에 주어지는 각종 포상 조치는 전쟁에서 전투성과에 따라 주어진 훈장과 다를 바 없었다. 5·16 이전에는 결코 강조하지 않았던 것이었다.

수출 지향적 경제는 산업 구조를 넘어 한국 사회의 모든 것을 바꿔 놓는 산업혁명이 되었다. 일반적으로 군인은 물론 민족주의자들은 자립경제와 수입 대체를 강조하게 마련이다. 특히 식민 지배와 침략 전쟁을 겪은 나라는 개방된 국제사회로 나가는 것에 두려움을 갖던 시대였다. 따라서 대부분의 경제 정책도 '수입 대체 산업 육성'이고 문자 그대로 '자급자족' 혹은 '자립경제'였다.

다른 신생 독립국들과는 달리 이승만 정부 및 민주당 정부를 이어받은 박정희 정부는 민족주의를 바탕으로 하면서도 감히 세계를 대상으로 개방 사회로 나아갔다. 수출 주도적 산업 정책을 세울 경험도 없었고 확신도 없었지만, 박정희 정부는 권력을 움켜쥐고 외부의 간섭과 개방 체제를 두려워하는 그런 폐쇄 체제로 가지 않고, 가장 적극적으로 개방적 무역국가의 길로 나갔던 것이다.

〈표 13〉 1958~67년 한국의 수출액 변화[8]

연 도	합 계(%)	제 조 업(%)	기타 산업(%)
1958	16,451(-25.9)	4,096(-37.3)	13,881(-23.3)
1959	19,812(20.4)	2,388(-7.1)	17,424(25.5)
1960	32,827(65.7)	4,519(89.2)	28,309(62.5)
1961	40,878(24.5)	6,229(37.8)	34,649(22.4)
1962	54,813(34.1)	10,567(69.6)	44,194(27.5)
1963	86,802(58.4)	39,487(273.7)	47,095(6.6)
1964	119,058(37.2)	58,315(47.7)	60,696(28.9)
1965	175,082(47.1)	106,784(83.1)	68,300(12.5)
1966	250,334(43.0)	153,648(43.9)	96,686(41.6)
1967	320,229(27.9)	215,174(40.0)	105,055(8.7)

단위 : 천 달러
*참고 : 괄호 안 숫자는 전년도 대비 수출량 증감률

8 Jungho Yoo, Korea's Rapid Export Expansion: When and How It Started, 한국경제연구원, 2008.

신생독립국과 민족주의 정부가 당연시했던 길을 탈피하였다. 즉, "비싼 외화를 사용해서 수입해야 할 물품을 국내에서 자급자족해서 수입 없이 살아갈 수 있게 만들자는 개념에 따른 수입 억제 및 수입 대체를 위한 산업을 육성하자"는 정부의 방침이 바뀌기 시작한 것이다.

국제 시장에 참여하고 국제 경제와의 협력체제를 만들어 감에 따라 산업의 기본 틀이 바뀌기 시작했다. 그것은 모든 개발도상국의 성공적 변화의 기본 요소이기도 했다. 정부가 나서서 수입을 막기 위한 조치로서의 환율 관리 대신에 수출에 모든 초점을 두고 수출과 연계된 수입에 대해서는 자유롭게 허용하는 방향을 택했다.

'자급자족적' 경제 구조가 '수출 중심적' 경제 구조로 바뀌었다. 수출 체제를 만들기 위한 수출 독려 차원에서 1965년에는 노동집약적인 라디오, 의류, 합판, 면직물 등 '제1차 수출 특화 산업 13개 품목'이 결정되어 세계로 나가기 시작했다.[9]

그런 수출 주도적 공업화 체제가 급속도로 진행된 결과 1970년대에 접어들면서 한국을 바라보는 세계의 시각과 평가는 완전히 달라지기 시작했고, 한국은 예외적 성공의 길로 들어섰다.

한국은 1964년 11월 30일 수출액이 1억 달러를 넘어서게 되는 수출 시대의 분기점을 세울 수 있었다. 〈표 13〉에서 보듯 1960년

---

9 Kim Chung-yum, From Despair to Hope: Economic Policymaking in Korea 1945-1979, KDI, 2011.

초반 이후 비약적 성장을 보였다. 예를 들어 1958년 수출량은 불과 1천600만 달러 수준이고, 그 중 1천400만 달러에 달하는 대부분은 1차 산업인 광물과 농수산물 수출이었다.

그러나 1962년의 제조업 수출은 전년 대비 무려 69% 이상 늘었고, 1963년에는 다시 무려 273%로 증가하였다. 한국의 전통적 수출품인 1차 산업의 광업, 어업, 농업 중심 수출량을 완전히 압도하기 시작했다. 1차 경제개발 5개년 계획이 끝난 1967년에 들어서면 한국은 이미 제조업 중심 수출 국가로 급격히 전환되고 있었다.

제조업 수출의 증가율이 1960년대 내내 매년 연 평균 40%를 넘었다. 제조업 수출 비중도 거의 없던 나라에서 불과 7년 만에 제조업 수출이 농수산업의 2배 이상으로 확대되었다. 그때 만들어진 제조업 중심 수출 추세는 그 이후 수십 년간 계속되었다.

제3회 '수출의 날' 기념식(1966)에서 박 대통령은 고도의 수출 체제가 완료되었다는 취지에서 1971년 10억 달러 목표 달성이라는, 당시로는 경이로운 목표를 제시하며 다음과 같이 말했다.[10]

지난 6년 동안 수출 실적의 연간 신장률이 평균 41.9%였다는 사실에 미루어 우리는 앞으로도 연 평균 40%의 성장률을 계속 유지함으로써….

10 박이택, 수출의 성장 요인: 1960-2013 (박경로 외, 『한국의 무역 성장과 경제사회적 변화』, 대한민국역사박물관, 2016).

박정희 정부는 1963년을 전후하여 한국의 노동력을 활용한 제조업 수출 산업으로 산업 구조를 바꾸고 근대화와 삶을 질을 바꿀 수 있겠다는 확신을 가지게 되었다. 수출 주도 경제를 가속화할 목적으로 기업의 부채 부담을 경감(8.3 조치)시키거나, 기업 공개 촉진법(1972)으로 기업 투자를 확대하고, 기업을 국민 자산으로 만드는 제도를 도입한 것도 그런 연장선에 있다.

본격적 수출 주도 경제가 추진된 1963년부터 1978년까지 한국의 수출량은 연 평균 40% 이상으로 계속 증가하였다. 전두환, 노태우 정부에 이르기까지 30년간 변함없는 놀랍고 불가사의한 성장이었다. 군부 통치의 박정희 정부가 연 평균 40%씩 수출량을 확대시키며 사회 전체를 산업화 체제로 바꿔낸 것은 군사 쿠데타의 의미를 전혀 다르게 만들었다. 대부분의 쿠데타와 달리 생산 주도적 개방적 무역 체제를 만든 쿠데타였기 때문이다.

그 후 30년에 걸쳐 연 평균 7%가 넘는 경제성장 실적은 주요 세계 기구가 한국을 세계 개발도상국의 모델 국가로 보게 만들었다.[11] 쿠데타로 전개된 5·16이지만, 내용과 결과적으로는 근면했던 국민을 세계와 연결시켜 혁명의 결실을 만들어내고, 삶의 질을 전반적으로 변화시킨 산업혁명이었다. 1964년 세계 90위의 무역 규모를 갖던 나라가 40년 만에 세계 6위의 세계적 무역국가로 전환하

---

11 G. M. Meier, Leading Issues in Economic Development (6th Edition, 1994), pp. 33-42.

는 결과로 이어지며 세계 최고 수준의 무역국가로 변신하였다.

개방적 무역국가의 길을 가게 되면서 한국 사회는 전통 농업 사회가 제조업 중심의 산업국가로 바뀌었고, 수출을 산업 경제의 중심 지표로 삼게 되면서 정치권력이 아닌 기업이 주도하는 사회로 변화하였다.

박 대통령이 매달 직접 주재하여 진행된 '수출 진흥 확대회의'와 '월간 경제 동향 보고'는 무역 전투를 지휘하는 사령관이나 최고경영자(CEO)의 모습과 같았고 대한민국 정부는 하나의 커다란 '주식회사(Inc.)'가 된 것 같은 모습을 연상시켰다.

그것은 전형적인 신생 독립국의 폐쇄적 민족주의와 다르며, 대부분의 쿠데타에서 기업은 없고 군 주도 독재로 간 것과는 차원이 달랐다. 군사 정부가 개방 체제를 만들며 기업 육성과 수출을 지휘하였다. 공무원과 군인이 중심이던 나라와 달리, 기업과 무역이 주도하는 시대가 형성된 것이다. 권력 중심적 정치가 아닌 세계무대에서 다른 기업과 '전쟁'하는 기업을 지원하는 정치를 만든 것이다.

'수출 진흥 확대회의'가 세계의 시장상황과 기업 경쟁력의 현황을 모르고서는 정부가 아무리 많이 개최한다고 해도 그것은 결실을 맺을 수 없다. 투자와 시장 개척은 물론 기술 개발과 기업 경영에 이르기까지 모두가 기업이 나서서 해주어야할 분야였다. 따라서 박정희 정부는 수출 주도 정책이란 본질적으로 시장 주도적인 것이었고, 세계화 정책이자 기업 주도적 경제로 갈 수밖에 없었다.

〈표 14〉 한국과 신흥국 수출 성장 비교[12]

구분	1961(A)	1970	1980	1990	2000	2010(B)	B/A(배)
한국	1.2	12	205	737	2,057	5,315	4,429
홍콩	11	36	256	1,004	2,423	5,005	455
태국	5	11	78	291	820	2,272	454
멕시코	12	28	208	489	1,799	3,137	261
브라질	11	30	213	379	643	3,330	212
필리핀	9	14	76	122	416	695	77
아르헨티나*	11	18	39	146	309	800	73

(단위: 억 달러)
자료 : World DataBank, World Development Indicators.
*아르헨티나의 1961년 수출은 1962년 수치를 대체하여 사용.

특히 수출 입국(輸出 立國) 체제는 곧 기업과 기업인에 대한 인식과 신분(status)에 있어서 근본적 변화를 불러왔다. 전통적 한국 사회에서 장사하는 장사꾼이나 제조업에 종사하는 사람은 존경의 대상이 되지 못했고 천시의 대상이었을 뿐이다. 다들 열심히 학문하여 공무원을 선발하는 과거에 급제하겠다는 길을 가거나 하급 공무원이라도 되겠다는 것이었다. 그렇지도 못하면 농사나 짓겠다던 사회였다. 오랜 역사에서 상업 종사자는 천시의 대상이었고 '장사꾼', '장사치'란 표현은 지금도 부정적 표현으로 남아있다.

봉건사회가 다 그렇듯 고위 관직, 공무원 혹은 장원 급제는 한국

12 김기환, 『한국의 경제기적: 지난 50년, 향후 50년』, 기파랑, p. 27.

사회를 꿰뚫는 모든 사람들의 성공 모델이자 직업에 대한 인식 구조였다. 권력을 가진 지배자가 되는 것이 출세라는 입신양명적 삶의 인식 구조가 지배되어 왔었다. 자라나는 학생들에게 공부 열심히 해서 장래 판사나 검사가 되라는 것이나, 혹은 장군이 되거나 공무원, 교수, 교사, 경찰 등의 공무원이 되라는 것이었다.

그러나 5·16은 산업혁명뿐 아니라 봉건과 전근대 체제에 맞서 근대적 제도와 신분 구조를 완벽하게 바꿔냈다. 각 개인들의 성공 모델이 공무원과 군인에서 기업가와 직장인으로 바뀌었고, 기업가로 성공하거나 학교를 졸업하고 기업에 취직해서 직장인이 되는 것이 평균 모델이 되었다. 공업고등학교와 농업 및 상업고등학교 등이 급속하게 확대되었다. 공무원을 지향하다 농사짓는 모델에서 공업과 상업에 종사하는 것이 성공의 길이 될 수 있다는 것이 광범위하게 확산되었다.

수출 입국은 사농공상(士農工商)의 순서로 직업의 귀천을 따지던 시대를 극복하고 산업 시대를 여는 직업 혁명이자, 신분 혁명이었다. 특히 수출 기업과 기업인에 대해 정부가 나서서 훈장을 주고 포상하는 것은 봉건적 사고나 유교적 관습으로는 획기적 변화였던 것이다.

국가로부터 훈장을 받는다는 것은 공직자나 전쟁 중의 군인들에게 제한되어온 것이 수천 년 간의 관습이었기 때문이다. 그런데 군인들이 주도하는 국가가 나서서 생산하고 무역하는 '장사꾼들'이

국가 훈장을 받는 사회를 만들면서, 인식 전환은 물론 국민 모두에게 새로운 교육 효과와 직업관을 만들었다.[13]

산업혁명을 기반으로 한 서유럽의 시민 혁명적 성격이 오히려 한국에서는 4·19와 5·16 이후 산업화 및 개방적 무역체제를 통해 자연스럽게 진행된 것이다. 무엇보다 제조업과 무역에 대한 인식 변화가 정착되었다. 불과 몇 십 년 만에 학교에서 열심히 공부한 후 졸업하여 생산과 장사를 목적으로 한 기업에 취직하겠다는 것이 당연하고도 일반적인 인식이 된 것은, 그 자체로 한국 사회의 신분과 인식에서의 혁명이었다.

장사하고 제조하는 사람이 애국자라거나 나라에 기여하는 사람이란 인식은 봉건적 혹은 전근대적 체제에서는 존재하지 않았던 사고였다. 전국적으로 남녀 상업고등학교가 육성되고 기계와 전자분야 등 공업 고등학교들이 대대적으로 만들어지며 숙련공이 육성되어 기업으로 진출했다.[14]

한국의 산업 전사(産業戰士)들은 국제 기능 올림픽을 석권하였고, 산업 기술 습득의 수준에 따른 기능 올림픽의 상위권 수상자들은 국민적 영웅이 되었다. 1960년대를 기점으로 오랜 동안 신분과 권력, 그리고 지배가 익숙하던 전통적 봉건 사회에서 기업과 기업

---

13 김광동, 「20년만에 완전히 다른 나라가 된 대한민국」, 『박정희 새로보기』(이영훈, 기파랑, 2017).

14 류석춘, 『박정희는 노동자를 착취했는가: 대한민국 기능공의 탄생과 노동귀족의 기원』, 기파랑, 2017.

인의 의미에 차원이 다른 위상이 부여되었다. 국가 주도적으로 수출 중심 산업 체제를 만드는 것은 전근대적 인식과 신분 구조를 완벽하게 바꾸는 과정이었다.

4·19와 5·16이 만든 체제는 국가 주도세력을 개방적 근대 산업화(industrialization) 체제에 적합한 그룹으로 교체하는 전환점이었다. 전통적 정치 엘리트로부터 과학 기술적 신진 엘리트로의 교체가 그것이다.

그럼에도 5·16과 달리 근대의 지향이라는 동일한 문제의식을 가졌던 4·19 주도 세력의 한계란, 4·19 혁명을 위임받은 정치 주도 세력이 산업생산보다는 여전히 권력 배분에 보다 더 관심을 가진 전통적 엘리트였다는 점이다.

해외 유학파를 중심으로 했던 이승만 정부는 상대적으로 국제주의적 시각을 가졌다면 한국민주당에서 연원(淵源)하는 민주당은 근대 엘리트층이었음에도 불구하고 전통적 시각이 남아 있었다. 이승만의 농지개혁에도 반대했던 토지에 기반한 지주층과, 토지에 기반한 부에 의해 유학했던 엘리트층이 본류였다. 그런 전통적 엘리트층은 정치 중심적 사고(思考) 체계를 갖고 있었을 뿐만 아니라, 시장과 기업을 중심으로 한 근대 산업화를 주도하는 본류의 길을 개척하기에는 부족할 수밖에 없었다.

그런데 5·16을 기점으로 오랜 동안 신분과 권력, 그리고 지배가 익숙하던 전통 봉건 사회에서 기업과 기업인의 의미에 차원이 다른 위상이 부여되었다. 5·16이 지속 가능한 번영 체제를 가능하게 한 것은 새로운 사회의 주체를 세계무대로 나가는 기업이 주도하도록 하고, 근대 행정적 경험을 갖췄던 군(軍)은 스스로 나서는 대신 국제무대로 나가는 기업을 지원하는 역할에 머물렀다는 데 있다.

한국 사회에서 가장 조직적으로 근대적 인식이 무장된 집단이고, 다른 어느 부문보다도 집행력과 실천력을 발휘할 수 있는 조직이었던 군이, 행정 통제적 사회를 만들지 않고 기업이 활약할 수 있도록 길을 열었다. 태평양 전쟁과 6·25전쟁을 거쳐 전투경험을 가진 군이 이번에는 더 많이 생산하고 더 많이 수출하는 전쟁의 지원자로 변신했던 것이다.

5·16 주도 세력은 근대 국가를 창출하는 과정에서 지식인과 학생이 갖추지 못한 조직력과 추진력에 기반한 근대화를 창출해냈다. 특히 군은 당시 한국 사회에 보유한 가장 강력한 근대적 조직이었다. 1961년 전후 군부는 "한국사회 내에서 실용적 기술과 관리적 안목에 있어서 상대적으로 가장 근대화된 소사회로 전환하게 되었던 것이다. … 군이 하나의 커다란 '밀리터리 인텔리겐챠' 집단"이 되어 있었던 것이다. 그런 의미에서 5·16의 군이란 '사회의 대규모 변동의 역군(Change Agent)으로 등장한' 것이다.[15]

경제건설을 기획하는 것은 전문 관료에게 맡겼지만, 군은 기획

---

15 이한빈, 「군에 대한 경제적 투입과 사회적 산출」, 『사상계』(1968. 6월호, 제16권 제6호, 통권 182호, pp. 66-7.

을 추진하고 완수해내는 실천력에서 다른 정치 세력과는 차원을 달리했다. 그런 면에서 1948년을 전후해 한국에 민주공화제라는 시민 혁명이 도입되었지만, 그 시민 혁명의 실질적 내용은 개방 체제와 산업화된 국가 체제를 통해 정착되는 과정이었다.

군은 문민 통치의 대상이 되어야 하고 한국도 그래야 한다는 것은, 한국이 맞이했던 1961년 전후의 상황과 당시 군이 갖는 상대적 선진 부분의 담지자라는 위상에 비춰보면 차이가 있다. 신생 독립국이거나 전쟁을 겪은 나라에서 군이 질서 수호와 정치 주역으로 등장하게 되는 것은 거의 모든 국가에서 나타난 일반 현상이었다.

그러나 한국의 5·16 군은 그런 예정된 길을 가는 데서 머무르지 않았다. 무질서와 불안정을 종결시키며 질서를 잡는데서 그치거나 무력에 기반하여 정치권력을 지향해서 대두된 것이 아니라, 근대화의 연장선에서 빈곤을 타파하고 경제건설을 주도하기 위해 나섰다. 달리 말하면 자유민주 질서를 만든 8·15 체제, 경제건설과 빈곤 타파를 내건 4·19 체제의 연장선에서 나온 군이었기 때문이다.

대부분의 근대 국가 출범 전후의 사회에서 군(軍)의 성격도 질서 유지자라는 측면에서 마찬가지였지만, 건국하자마자 6·25전쟁을 3년간 겪었던 한국에서는 더욱 특별할 수밖에 없었다. 군은 질서와 안정의 주역이 되었다. 하지만 질서와 안정의 수준에 머물렀다면 5·16 이후의 군은 다른 모든 신생 독립국의 군 주도적 질서와 안정 체제의 구축이라는 단계 이상으로 나아가지 못했을 것이다.

그러나 한국의 군은 그 이상이었다. 당시 고급 장교들의 교육 과정과 교육 수준은 최고 수준이고 가장 체계적이었다. 최고급 엘리트들이 사관학교에 갔고, 육사를 포함한 사관학교 교육 과정은 한국 사회의 다른 어느 교육 기관도 따라갈 수없는 수준으로 체계적이고 깊이가 있었다.

특히 전쟁 수행을 대비한 행정, 건설, 기술 등 거의 모든 영역에서 군은 폭넓은 경험에 기반한 광범위한 실행력을 갖춘 조직이었다. 5·16으로 등장한 군은 행정과 기업 및 지식층을 포괄하여 동원해 내는 조직자(organizer)로 활약했다.

또한 군 주도 정부의 성격을 이해한 미국이 주도한 주한 미군의 안보 지원 체제와 수출 정책에 대한 지원으로 한국의 경제건설도 가능했다. 특히 수도 서울과 군사분계선 사이에 미 제2사단 및 제7사단이 주둔해 있다는 것은, 6·25 이후 안정적 체제와 공장 건설과 같은 장기 투자를 가능하게 만드는 기반이었다.

4·19와 5·16은 모두 한국 사회의 근대화를 지향한 것이지만 질서유지 능력을 비롯한 추진력과 일관성에서는 차이가 컸다. 특히 경제적 빈곤 극복의 대안을 찾는 방향은 동일했지만, 민주당과 정부 관료 및 학생과 지식인 사회가 주도권을 가진 4·19 체제로는 돌파구를 만들어내기 어려웠다. 학생과 정치인 중심의 문제의식으로 시작된 4·19와 민주당 정부로는 번영을 향한 건설과 재건이란 목표에도 불구하고 질서와 안정조차 유지하지 못했다.

4·19를 만든 학생들이 직접 권력을 행사하는 행동들이 만연했고, 다른 한편으론 일부 소수였지만 친북적 사회주의 활동을 전개시키는 기회로 삼았다. 민족통일연맹도 그런 방향의 대표적 조직이다. 4·19와 민주당 정부는 무질서와 하극상, 불안과 혼란의 상징으로 변해가고 있었다. 예를 들면 질서 유지와 치안의 책임자들인 경찰관들이 시위를 벌였고, 초등학생들도 집단적으로 거리로 나와 시위를 했다.

시위의 내용도 4·19 정신과는 달랐다. 반공법을 폐지하라는 요구가 시작되었고, 남북 학생회담을 촉구하는 '민족자주통일 궐기대회'가 서울운동장에서 열리기도 하였다.

4·19와 달랐던 5·16 체제는 방향성이 아니라 조직력과 집행력의 차이였다. 학생이 주도하고 민주당이 권력을 장악한 4·19 체제로는 기존 권력 체제를 대체할 수는 있어도 근대 산업화 체제를 만들어낼 수는 없었다. 현실적으로 대체된 것은 이승만 자유당 정부에서 장면 민주당 정부로의 이전이었다. 기성 질서에 대한 강한 저항을 보인 학생들이 남다른 대안을 가졌거나 일관된 추진력을 발휘할 수 있는 것도 아니었다. 그런 면에서 4·19 이후 민주당 정부는 사회를 이끌 권력을 만든 것이 아니라 권력이 주어졌던 것이고, 그 힘으로는 근대화가 아니라 현상 유지도 힘들었다.

4·19는 새로운 근대 체제에 대한 열망이었지만, 그 열망은 곧 5·16로 계승되며 안정과 질서에 기반한 재건과 가보지 못했던 수

출 중심적 공업화의 길로 탈출구를 찾아냈던 것이다. 4·19 혁명에 따른 혼란과 민주당 정부의 무기력에 대한 경험이 낳은 박정희 군사 정부의 성립은 한국이 안정과 질서 속에서 산업화 체제로 돌입하는 커다란 계기를 만들 수 있었다.

다른 측면에서 대한민국 건국에 민주공화제적 정치혁명(1948)이 시작되었지만, 그 민주주의 혁명의 실질적 내용인 경제 사회적 발전은 5·16을 통하여 채워지게 된 것이다.

그런 측면에서 한국 산업화의 예외적 성공이란 결코 특정 시기에 만들어진 운(運)과 기회(機會) 구조로 설명될 수 없다. 미국 원조, 베트남전쟁, 혹은 중동 특수(特需) 등과 같은 원조와 특별 수요로 설명할 수 없다. 한국의 예외적 성공을 미국 원조의 혜택으로 보기도 하고, 베트남전쟁 특수와 중동 건설 특수로 설명하려는 시도도 있다. 그것은 한국의 성공에 대한 결과론적 평가일 뿐이다.

왜냐하면 미국의 원조를 받은 나라가 한국만도 아니며, 미국 식민지를 경험하고 미국 원조를 받은 필리핀과 같은 나라에서 한국에서와 같은 커다란 비약이 나타나지 않았던 경우를 설명할 수도 없다. 또 1960년대 한국이 고도성장의 궤도로 돌입하는 시기를 보더라도 베트남 참전과 중동 진출 등에 따른 외화 수입 등의 특수(特需) 형성은 모두 수출주도 경제구조가 갖춰진 1966년 이후 시기에 나타난 것이다.

한국의 산업화 체제는 1963년 전후로 확고히 정착되기 시작하였다. 1965년에 가면 국제통화기금(IMF)이 한국의 비약적 수출 증가를 근거로 이미 한국 경제에 대한 찬사와 놀라움을 표하기 시작했으며 외국인 투자가 급증하고 페어차일드, 모토롤라 등 세계적 회사들이 한국에 투자하기 시작하였다.[16]

결과적으로 보면 베트남전이나 중동 건설이나 모두가 한국이 새로운 근대 산업 체제로 돌입하고 난 후에 적극적으로 대응하고 진출하여 업적을 쌓은 결과였던 것이지, 베트남과 중동이라는 특수 계기가 있었기에 한국이 성공할 수 있었던 것은 결코 아니다. 또 그것은 미국의 원조를 받는 나라들이 대부분 성공하지 못한 것이나, 다른 개발도상국들이 베트남 특수와 중동(中東) 특수에 제대로 대응하지 못했던가도 설명할 수 없는 것이다.

16 주익종, 『박정희시대의 경제외교사』(출간 준비중).

제 6 장

번영 체제를 향한 4·19와 5·16의 연속 혁명

근대 문명 전개 과정의 연장선
산업화의 불길을 지핀 4·19와 5·16
민족 역량의 결집과 산업화의 길

'한강의 기적'을 보여주는 서울시 전경

[1] 근대 문명 전개 과정의
연장선

근·현대 세계사에 수없이 전개된 4·19 및 5·16과 같은 대중 시위와 군사 쿠데타들은 거의 대부분 권력 투쟁에 의한 또 다른 권력으로의 교체로 귀결되었다. 그러나 한국에서 펼쳐진 4·19와 5·16은 일관되게 근대 산업화의 길로 나아갔고, 세계적 번영 모델을 만들어 세웠다.

4·19와 5·16의 성격은 작게 보면 민족사 최초의 민주공화제를 만든 8·15 대한민국 건국(1945~48)과 공산 전체주의의 확산을 막아낸 6·25전쟁(1950~53)이란 국가 건설(nation building)의 연장선에 있다. 더 길게 보면 조선이란 극도의 폐쇄 봉건적 왕조 체제가 막을 내리면서 1870년대 이래 계속되어온 140년간의 한반도 근대 문명사의 전개 과정의 연장선이 있는 것이다. 한반도에서 펼쳐진 근대 문명의 전개와 급격한 산업화와 번영 국가 체제의 확립 과정

에서 4·19와 5·16은 조명되어야 하고, 또 상호 관계도 규명되어야 한다.

먼저 독립된 주권국가를 만든 이후 한국 국민이 1960년 초 펼쳐 낸 4·19와 5·16이란 정치 변동의 본질과 성격을 살펴보면, 그것은 정치권력에 대한 불만과 단순한 권력 교체를 요구하는 수준을 훨씬 뛰어넘는 것이었다.

근대 사회를 강렬하게 경험하고 근대 지식으로 무장한 국민들로 구성된 동적(動的) 사회에서 가난과 궁핍을 벗어나 근대 산업화를 지향하는 거대한 민족 에너지의 결집 과정이었고, 그것이 4·19와 5·16으로 분출된 것이었다. 그런 측면에서 다른 나라에서의 정치 변동과는 매우 커다란 차이가 있다. 이집트, 베네수엘라, 필리핀, 이란, 태국 등 곳곳에서 반복되는 민중 봉기와 군사 쿠데타 이후에도 그들 모두는 '이후로도 결코 오랫동안 행복하지 못했다'.

이란은 독재 체제와 신정(神政) 체제가 반복되고, 인도는 봉건적 질곡에서 벗어나지 못하고 있다. 경제적 기반을 갖췄다는 중국은 참정권도 없는 공산당 독재 체제가 온존해 있고, 북한은 폐쇄 봉건적 북조선이 되어 70년간 세습적 신정 독재(神政獨裁)를 지속하고 있다.

대한민국은 예외적 성공이었고 차원을 달리하는 근대 산업화 체계를 전개했다. 미얀마 '민주 지도자'의 상징이던 아웅산 수지는 집권 2년 만에 오히려 대량 학살적 인종 청소로 세계적 규탄을 받는 대상이 되었다. 모로코와 필리핀의 '민중혁명'이든, 태국과 짐바브웨의 '군사 쿠데타'든 그것은 결코 한국의 4·19와 5·16과 필적할 수 없다.

세계 현대사에 나타났던 대중 봉기와 군사 쿠데타의 극히 예외적 사례가 된 대한민국의 4·19와 5·16은, 예외적 성공(exceptional success)이면서도 신생 독립국과 개발도상국의 모델이 되었다. 기록에 따르면 1950년 이래로 2016년까지 지난 66년간 세계에는 모두 475회의 군사쿠데타가 발행했었고 그 중 236회의 쿠데타가 집권에 성공하였다.[1] 그렇지만 4·19를 이은 5·16 쿠데타만큼 빛나는 성공 역사를 만든 쿠데타는 찾을 수 없다. 그렇다면 그것이 어떻게 가능했는지에 대한 문제와, 4·19와 5·16의 역사적 성격의 본질, 상호 관계에 대한 분석 및 설명은 근대 산업화의 예외적 성공이라는 시각에 초점이 맞춰져야 한다.

무엇보다 그것은 대한민국에서 1945~48년에 걸쳐 펼쳐진 민주주의 혁명에 의한 근대 국가의 출발에서 시작된 것이다. 민주공화제의 출범에 따른 정치 혁명이 안정적으로 구축되었기에 4·19와 5·16으로 이어진 본격적 산업화 체제를 지향할 수 있었다.

한국의 근대화는 1870년대 이래로 140년간 문명개화와 산업화, 세계화를 향한 역사였다. 그런 면에서 1948년 8·15 건국은 한국에서의 자유민주 체제의 확립이며, 서유럽에서 진행된 19세기의 정

---

1 <Washington Post>, July, 22, 2016.

치 혁명 혹은 시민 혁명에 해당된다. 4·19와 5·16도 대한민국의 자유민주적 건국 체제 위에서 쌓아올려진 위대한 건축물이다.

민주공화제적 자유민주 혁명은 국민들에게 개방적 자유를 가져다주었고, 근대 문물을 경험하고 선택할 수 있게 만들었으며, 재산권을 비롯한 법치주의를 확고히 뿌리내리는 근간이 되었다. 그 결과로 근면(勤勉)으로 무장된 국민은 자유로운 선택이 가능해졌고 비로소 자기 삶의 주인이 될 수 있었다.

정치적 자유로부터 비롯된 한국인의 자유 선택은 각자의 필요에 따라 상품과 서비스를 선택하고, 직업과 사는 곳을 선택하며, 제도와 문명사의 방향을 선택하고, 정당과 지도자를 선택해가며 스스로 근대화된 미래를 창출해내는 거대한 민족적 에너지가 되었다.

민주공화제적 독립 국가의 출범 이후 일관되게 지향되었던 근대 산업화 과정에서 한국 국민이 겪고 극복해야 했던 핵심 변수는 두 가지였다. 첫째는 정치적 근대 국가의 출범에도 불구하고 여전히 남아있는 봉건 제도(feudalism)와 전근대적 인식 구조를 극복하는 것이고, 또 다른 하나는 공산주의(communism)라는 전체주의에 맞서 이겨내며 근대 번영 국가를 완수하는 것이었다.

전근대적 인식과 관행은 오랫동안 남았고, 지금도 잔존해있다. 나라마다 차이가 있을 뿐이지, '봉건과 근대' 혹은 '폐쇄와 개방'의 대결 구도는 다른 거의 모든 나라에서도 여전히 진행 중에 있다. 전근대적 봉건과 폐쇄적 제도와 관행 구조가 극복되는 과정이 곧 근대 국가를 만드는 과정이고, 다소 차이만 있을 뿐이지 한국에서도 여전히 잔존되어 영향을 미치고 있었다.

또 다른 측면에서 대한민국 출범 이후 가장 명백한 생존적 위협은 물론 공산 전체주의로부터 오는 것이었고, 지금까지도 변함이 없다. 더구나 한반도 북부 지역이 소련과 중국이 만든 공산주의 제국(empire) 체제에 편입되어 여전히 참혹한 전체주의로 남아 대한민국을 위협하고 도전하지만, 그것도 봉건 질서와 마찬가지로 한국이 극복해야 할 과제로 남아있다.

광복과 독립 국가 출범은 식민 지배를 극복한 것이지 삶의 질을 높이는 것은 아니었다. 참혹하고 지긋지긋했던 전쟁이 종결되었다는 것이 곧 경제 사회적 근대화로 이어지는 것도 아니었다. 서유럽적 자유민주적 정치 혁명이 단기간에 서유럽적 삶의 수준을 만드는 것은 결코 아니었다.

또한 공산주의 침략을 막아냈지만 그것과 가난 극복과는 커다란 직접적 관련성을 갖는 것도 아니었다. 세계의 근대 체제를 직·간접적으로 광범위하게 경험했던 국민들이 근대 산업화를 통한 번영 사회를 염원했지만, 그것은 너무 멀었고 손에 잡힐 수 없었다. 그러나 자유란 무기를 갖게 된 국민은 자유에 머물지 않고, 자유를 번영을 일구는 도구로 활용하였다. 번영 국가를 만들겠다는 열망을 수출중심적 산업혁명 체제로 구현시켜내며 삶의 질을 근본적으로 바꿔내는 동력으로 전환시켜냈다.

[2] 산업화의 불길을 지핀
4·19와 5·16

8·15 건국에 의한 정치혁명은 국민에게 개방된 사회를 제공하고 자유 선택을 펼쳐주었다. 국가의 성공과 실패를 학문적으로 규명해온 애쓰모글루와 로빈슨은 이집트의 실패와 영국의 성공을 비교하는 가운데, 영국은 명예혁명으로 시작된 정치혁명으로 영국인들이 자유와 재산권 및 법치 제도와 권리에 입각하여 본격적으로 자신들의 노력을 통해 삶을 개선시키는 경제적 기회의 확대를 통해 산업혁명으로 나아갔다고 해석한 바 있는데, 이는 한국도 결코 다르지 않다.[2]

더구나 한국 국민은 극심한 후진성(backwardness)에 있다는 것을 절실히 깨닫고 있었다. 공산 침략(6·25전쟁)의 참화를 겪었지만,

---

2 D. Acemoglu and J. Robinson, ibid.

1950년대 후반과 1960년대 초는 여전히 미국 원조에 의존해야하고, 전혀 개선의 기미를 보이지 않은 경제사회 수준에 대한 불안과 위기감이 엄습해오던 상황이었다.

1950년대 후반 동적 사회를 경험했던 국민은 모두가 산업적 근대화로 민족적 에너지를 모아나갔다. 낙후된 봉건 사회나 전통적 농업 사회를 넘어서, 상대적 후진성을 극복하고 굶주림과 빈곤을 넘어 전반적으로 삶의 질이 향상되는 방향으로 염원을 결집시켜냈다. 그것은 '못살겠다, 갈아보자!'로 시작되어 4·19와 5·16으로 표출되었다.

획기적 변화의 계기는 4·19와 5·16으로 만들어냈다. 무엇보다 4·19는 기성세대와 구질서(舊秩序)를 넘어서자는 저항이었고, 5·16은 구질서를 극복하고 근대 질서와 산업화를 요구하는 분출이었다. 그것은 추상과 구호가 아닌 구체적 지표 및 통계적 변화로 나타난 것으로, 해방·민주·민족과 같은 거대 담론과는 다른 것이었다.[3] 그런 면에서 장준하의 『사상계』가 5·16 직후 펼쳤던 예상은 놀라운 것이었다.

국군의 위대한 공적은 우리나라 민주주의 사상에 영원히 빛날 것임은 물론이거니와, 한국의 군사혁명은 압정과 부패와 빈곤에 시달리

---

3 박경로, 「무역의 성장과 사회적 변화: 1963-2013」, 『한국의 무역성장과 경제사회 변화』, 대한민국 역사박물관, 2017.

는 많은 후진국 국민들의 길잡이요 모범으로 될 것이다.[4]

군사 쿠데타의 주역은 물론, 누구도 그만한 수준의 예상을 하지 못했지만 결과는 정확하게 예상했던 그대로였다. 실제 근대 산업화의 기준으로 보면 4·19와 5·16이 만든 결과는 세계적 모델이다. 민주주의 혁명과 거대 담론의 시대를 넘어 근대 산업화의 불길을 지핀 것은 4·19와 5·16이었다.

근대화 혁명으로 '후진국 국민의 길잡이이자, 모범국가'가 만들어질 수 있었던 것은 한국 사회에서 반봉건적 사회의 극복과 공산 체제의 도전을 극복한 것에서 시작된 것이고, 그것은 4·19와 5·16의 공통된 지향점에 있다. 권력 교체와 정치 변동에도 불구하고 4·19와 5·16은 공통적으로 '건설' '재건' '경제 제일주의'를 지향했다. 결코 과거를 단죄하고 청산하자는데 목적을 두지 않았고, 새로운 경제건설과 번영된 산업국가를 만드는 데 집중되었다.

또한 4·19와 5·16은 반공 체제를 거부하고 자유민주 체제를 확고히 하고자 했다. 이승만 정부는 물론 민주당의 장면 정부와 박정희 정부는 공산주의로 갈 수 없음을 명확히 했다. 4·19와 5·16의 확고한 반공 노선이 번영된 성공 국가의 기반이 되었다는 사실은, 그 이후 전개된 몇 십 년의 역사에서 공산 체제는 물론 공산주의와

---

4 5·16 혁명과 민족의 진로, 『사상계』(1961.6), ibid.

타협하는 좌우(左右) 합작의 방식으로 성공한 나라가 없었다는 것으로도 증명된다.

더구나 4·19와 5·16은 공통적으로 번영 국가를 만들자는 민족주의를 지향하였다. 주권의 독립을 넘어 강하고 번영된 민족의 위상을 만들고자 했고, 그것은 근대 산업국가를 만들자는 것으로 집약되었다. 독립 국가 이데올로기와 반공 체제 이데올로기를 넘어 민족 번영 이데올로기가 작동되었다.

그 모델은 미국이나 서유럽 국가에 맞춰져 있었고, 일본도 만든 근대 번영체제를 한국도 할 수 있겠다는 민족적 자신감의 발로였다. '민족중흥'이나 '조국 근대화'는 그런 연장선에 있는 것이다. 그런 면에서 1870년대에 근대를 지향하기 시작한 이래로 한국 국민은 근대를 향한 여정을 멈춘 적이 없었다.

비록 좌절과 부침도 있고 식민 시대도 있고 전쟁도 있었지만, 그런 역사적 굴곡은 결코 한국 국민들이 지향했던 지난 140년간의 근대를 향한 발걸음을 퇴보하게 하거나 멈추게 할 수 없었다. 그런 연장선에서 4·19와 5·16이 지향한 번영 지향적 민족주의가 실현될 수 있었던 것이다.

특히 미국에 의한 원조 경제를 극복하자는 번영 민족주의는 북한의 위협과 도전으로부터 벗어나는 동력이기도 했고, 일본을 따라잡고 극복하는 동력이기도 했다는 점에서 반공 극일(克日) 민족주의였던 것이다.

[3] 민족 역량의 결집과
   산업화의 길

결국 4·19와 5·16은 근대 산업화를 향한 하나의 혁명이자 두 개의 연속된 혁명이다. 그것은 민주 혁명이냐 아니냐, 혹은 군사 쿠데타냐 혁명이냐와 같이 협의적이고도 정치적 목적에 따른 취사선택적 방식으로 평가될 수 없다.

계승된 연속 혁명의 성격은 명백히 근대 번영 국가를 향한 한국 민족의 거대한 분출이고 전환이었다. 4·19는 '못살겠다, 갈아보자!'로 기존 체제에 대한 저항을 결집시켜냈고, 5·16은 새로운 산업화 체제의 길을 만들어냈다. 4·19와 5·16은 삶의 질을 개선시키지 못하는 정치 중심 사회와의 단절이면서도, 민주주의를 거론하며 실제로는 생산과 건설도 없이 권력 투쟁과 '권력 나누기(power-sharing)'에 매몰된 전근대적 정치와 단절하며 번영된 산업 사회로 가자는 따라잡기(catch-up)적 민족주의의 전개였다.

그렇기에 이승만 정부와 4·19 및 장면 정부의 정치 질서에 대한 저항이란 동일한 문제의식에 기반하며 생산 지향적 사회와 공업화 체제를 지향하였다. 4·19를 이은 5·16은 민주주의에서 민족주의로 전환시키고 선거 중심 사회에서 생산 중심 사회로의 전환을 만든 것이고, 안정과 질서에 토대한 재건과 산업화를 추진한 것이다. 4·19와 장면 정부를 극복하며 5·16은 무기력과 무능을 넘어 명확한 주체 세력의 형성과 조직력을 갖춘 군 주도의 일관된 추진력으로 근대 산업화를 향한 일관성을 추진했던 것이다.

특히 5·16은 자유민주적 체제를 이어받으면서도 선거 중심 혹은 정치 중심적 사회를 극복하고, 전근대적 부조리와 타성을 극복하며 생산(生産)과 성과(成果) 중심 사회를 만들어냈다. 삶의 질을 개선하고 제고시키는 강한 근대화 작업을 관철해내며, 동적 사회로 내재된 민족 역량을 집결하여 산업화라는 방향으로 가도록 길을 열었다.

그런 면에서 4·19와 5·16의 역사적 의의는 1948년의 8·15 민주주의 혁명을 계승하며 산업혁명으로 전환시킨 것에 있다. 5·16으로 정착된 생산과 성과 중심적 사회는 근면한 국민은 자신의 근면만 가지고도 삶과 운명을 바꿀 수 있다는 것을 보여주고 실현시켰다. 그것은 출신과 계급, 혹은 태어났을 때의 여건에 좌우되는 사회를 완벽하게 바꿔냈다.

노동하는 손은 아름답고, 일하지 않고 노는 손은 부끄럽게 여기는 사회가 되었다. 공직에 나가 출세하는 사회가 아니라 기술을 배워 기업에 들어가는 것이 보편적인 일이 되었고, 천시와 멸시의 대상이던 상공업자는 국가 공훈자이자 국민 영웅으로 거듭났다. 평범한 일반인도 자기 능력과 기술, 그리고 근면 성실한 노동으로 자신의 삶의 수준을 결정짓는 사회가 열렸고, 그것이 근대화 혁명의 본질이다.

더구나 5·16은 기업(company)과 무역(trade)에 대한 인식과 의미를 완벽하게 바꿔냈다. 번영 민족주의의 구현과정에서 민족의 위상을 높이고 삶의 질을 개선시키는 주역은 기업과 기업인이었다. 정치인이나 공무원, 군인은 주역(主役)일 수 없었고 조역(助役)에 불과했다. 계급적 지위로 평가받는 체제는 전근대 봉건 사회와 다름없는 것이지만, 기술을 개발하여 생산성을 높이고 세계시장을 개척해가며 무역을 많이 하는 기업과 기업인은 번영 민족주의의 상징이 되었다.

기업 수준과 경쟁력은 곧 민족적 위상과 결부되었고, 국제무대에서의 기업 경쟁력은 곧 산업 구조를 재편해내며 취업 및 직업 구조를 바꾸는 핵심적 선도자의 역할을 하였다. 특히 수출로 나라를 다시 만들어 세운다는 수출 입국은 사회의 모든 영역을 국제 보편적 체제로 재편시켜내는 기준이자 잣대로서의 역할을 하였다.

기업과 민족주의는 직접적 연관성이 없었음에도 5·16으로 조성된 한국의 산업화로 인해 기업은 민족 위상을 제고하고 민족의 삶을 개선시키는 선두 주자로 평가받았다. 나아가 5백년 넘는 봉건 폐쇄적 조선(朝鮮)체제를 극복하고 민족사 최초로 상공업(商工業) 전성시대라는 산업혁명으로 나가게 만들었다.

자유민주 체제를 만든 이승만 정부 12년을 넘어 '못살겠다, 갈아보자!'는 국민적 염원을 근대 산업국가로 승화시켜낸 4·19와 5·16은 고도의 연속성을 갖는 것이다. 5·16은 4·19정신을 계승하는 것을 과업으로 삼았다. 5·16이 없었다면 학생과 대중이 나섰던 4·19 혁명은 빛을 보지 못했을 것이다.

또 4·19가 없었다면 5·16은 만들어지지 못했거나 실패했을지도 모른다. 5·16 이후 펼쳐진 40년이 넘게 전개된 빛나는 근대 산업화는, 4·19와 5·16이 만든 생산과 건설 지향적 민족주의 지향의 결과이다.

그런 면에서 1948년 이래로 이미 민주주의 혁명이 진행된 한국 사회를 6.25 전쟁과 1960년 이후까지도 다시 '민주'라는 잣대를 갖고 4·19와 5·16 정치 변동을 평가할 수 없다. 또한 4·19를 민주 혁명으로 보고, 5·16을 쿠데타에 의한 민주주의 좌절로 보거나, 4·19와 5·16을 대립적 관계로 보고자 하는 전통적 시각은 1960년대 우리 민족이 맞이했던 상황이나 지향하고자 했던 사회에 대한 무지(無知)의 결과이다.

4·19와 5·16은 대립적인 것이 아니라 계승되고 연속된 것이다. 그것은 '민족적 무기력'에 대한 웅비의 시도였고, 결과적으로 연속

된 근대화 혁명이었다. 4·19와 5·16은 8·15 민주주의 혁명이라는 근대 정치 체제에 토대하면서 공통적으로 근대 산업화를 구현하고자 했고, 또 그랬기 때문에 5·16 체제는 번영 지향적 민족주의를 성공적으로 이끌어 냈던 것이다.

그렇기에 4·19는 '좌절된 혁명'이 아니라 그 자체로 혁명이고, 더 나아가 5·16으로 꽃피워지고 '완성된 혁명'이다. 5·16은 4·19로 인하여 탄생될 수 있었던 것이고, 4·19는 5·16으로 계승되면서 비로소 혁명적 성격을 부여받을 수 있었다.

4·19와 5·16의 상호 관계를 가장 정확히 표현했던 선각자 함석헌 옹은 5·16 발생 직후 4·19의 학생은 '잎'이고, 5·16의 군은 '꽃'이라 표현했다. 그리고 4·19의 '잎'과 5·16의 '꽃'은 비로소 열매를 맺게 될 것이라 예언했었다.

물론 그 예언은 상상할 수 없을 만큼 정확하게 대한민국에서 '한강의 기적'으로 실현되었고 신생 독립국과 개발도상국의 발전모델이란 열매로 맺어졌다.

4·19와 5·16
-연속된 근대화 혁명-

1판 1쇄 발행일 2018년 5월 16일

지은이   김광동
펴낸이   안병훈
펴낸곳   도서출판 **기파랑**
등 록   2004년 12월 27일 제300-2004-204호
주 소   서울특별시 종로구 대학로8가길 56(동숭동 1-49) 동숭빌딩 301호
전 화   02-763-8996(편집부) 02-3288-0077(영업마케팅부)
팩 스   02-763-8936
이메일   info@guiparang.com

ISBN 978-89-6523-649-8 03300